学术期刊论文写作
技巧与实战

郝丹 ◎ 著

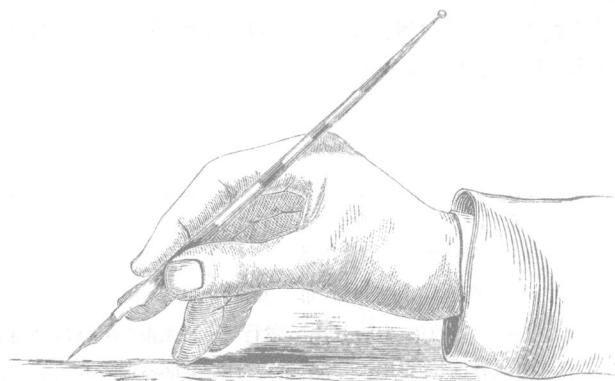

人民邮电出版社
北京

图书在版编目（CIP）数据

学术期刊论文写作技巧与实战 / 郝丹著. -- 北京 : 人民邮电出版社，2022.6
ISBN 978-7-115-58496-0

Ⅰ. ①学… Ⅱ. ①郝… Ⅲ. ①学术期刊－论文－写作
Ⅳ. ①H152.3

中国版本图书馆CIP数据核字(2022)第032829号

内 容 提 要

本书是一本聚焦学术期刊论文写作技巧的工具书，以用户为导向，针对学术期刊论文写作新手的需求与痛点，致力于用核心写作技能串起各章主题，用常见的问题提示内容难点，用实战任务攻克学习重点，并从学术期刊编辑和审稿人的视角提示写作过程中的诸多注意事项。

本书共分为 7 章。首先介绍学术期刊论文写作的四项基本功，然后由此出发讨论如何完成学术期刊论文的框架搭建、选题聚焦，以及写作中应当如何遵循相关规范。接下来以文献综述类学术期刊论文为例进行了学术写作实战演练，并在写作实战的基础上归纳了论文排版的常规格式与常见问题。最后，介绍了学术期刊论文的投稿与审稿的注意事项、常见问题及其解决方案。

本书适合需要在学术期刊上发表论文的写作新手阅读，能较好地助力读者顺利、愉快、高效地开启学术写作与学术论文发表之路。

◆ 著　　　　　郝　丹
　责任编辑　　牟桂玲
　责任印制　　王　郁　彭志环

◆ 人民邮电出版社出版发行　　北京市丰台区成寿寺路 11 号
　邮编　100164　电子邮件　315@ptpress.com.cn
　网址　https://www.ptpress.com.cn
　固安县铭成印刷有限公司印刷

◆ 开本：720×960　1/16
　印张：17.5　　　　　　　　　2022 年 6 月第 1 版
　字数：199 千字　　　　　　 2024 年 12 月河北第 15 次印刷

定价：69.90 元

读者服务热线：(010)81055410　印装质量热线：(010)81055316
反盗版热线：(010)81055315
广告经营许可证：京东市监广登字 20170147 号

序

在我斟酌如何向你推介本书的时候，我心里冒出了3个问题：

- 我为什么酝酿一本关于学术写作技巧的手册？
- 我为什么选择学术期刊论文作为学术写作的切入点？
- 你怎样才能充分利用这本书？

接下来，我将逐一回答这三个问题，希望能让你看到这本书的特点和价值。

我为什么酝酿一本关于学术写作技巧的手册

回顾过去 20 年，我经历过学术写作从零起步的茫然，呷摸过学术写作进度停滞不前焦虑的滋味，反复品尝过投稿不中的忧伤。学术写作起步难、进步难、成功难——这些感受应该和你完全一样。所幸，先后遇到几位名师，在他们的指导下屡次尝试，不断复盘失败，到后来又觉得学术写作也不是那么难。

而过去十几年专心担任核心学术期刊编辑的过程，以及近年来担任不同期刊审稿人的过程，又让我有足够的机会切换不同视角，去近距离观察不同类型的学术写作者遇到了哪些困难、需要哪些帮助，而我也一直在静心摸索如何才能帮助他们高效率地解决问题。

此外，作为一个社会人，我和你一样，时时刻刻需要与周围的同事、朋友等就各种事情交流、沟通、分享。在逐渐认识世界、认识自己的过程中，我也发现，讲究理性、讲究逻辑、讲究证据的表达对个人学业和职业发展大有益处。而这些与理性、逻辑、证据相关的表达技巧好像又恰恰可以在学术写作的训练过程中不断学习和提升。

于是，从某一天开始，我琢磨应该有这样一本书：它充分聚焦学术写作；它了解零起点的学术写作者面临的各种困惑；它涉及学术写作中普遍适用的技巧；它重视学术写作技巧学习过程的可操作性；它还会在新手们大概率要"掉坑"的时候提前预警；最重要的是，它愿意通过循序渐进的任务设计，带着新手们完成从起步到入门的各个环节。

以上，就是我酝酿这样一本学术写作手册的全部心路历程。多年来以写作者、编辑、审稿人等不同身份和众多学术写作者一起行路、"掉坑"、重新上路的经历，让我最终有可能完成这样一本书。

我为什么选择学术期刊论文作为学术写作的切入点

众所周知，学术写作囊括了丰富的文本类型，比如开题报告、学位论文、学术期刊论文、科研项目申请书、项目结题报告、调研报告，等等。其中，学术期刊论文入门相对容易，篇幅相对较短，总体花费的时间也较少，但所用到的各种技巧、所涉及的各种注意事项恰好具有足够的普适性。因此，在酝酿这本书的时候，我感觉，选择学术期刊论文作为切入点的理由如此充分！

当然，这本书重点关注学术期刊论文，还有另外两个重要的原因。

一是从总体来看，需要写学术期刊论文的群体比较大，那么，未来就有可能由本书起步，聚拢更多学术写作新手与熟手，从一本书拓展为一个社群，大家一起学习、互相鼓励、共同进步。因此，盼着你率先成为本书的第一批读者，完成书中的数十个学习任务，和我一起，为搭建一个健康、活泼、有效的学术写作生态圈而努力！

二是纵观已有写作类图书，谈高远目标、谈重要性、谈必要性的写作类图书较多，而真正具有可操作性的写作手册确实比较少。在学术写作领域，尤其如此。于是，我很希望在可操作性、可实践性方面下一些功夫，给更多零起点的学术写作者铺路架桥。

你怎样才能充分利用这本书

本书包含 7 章内容，其中设计了 67 项任务，穿插了 67 个"避坑"提醒，希望能带着你轻松、正确地起步，并一直走在正确的路上。

本书第一章能帮助你熟悉学术写作必不可少的四项基本功，并了解锤炼基本功的方法。第二至四章中，我要和你一起讨论如何搭建学术期刊论文的框架，如何聚焦有价值的学术期刊论文选题，以及如何遵循学术写作的相关规范。在完成前四章的任务之后，你会进入第五章，开始一次完整的学术写作实战演练，尝试写出一篇规范的文献综述类学术期刊论文。而你在这次写作实战中遭遇的论文格式与排版操作方面的问题，会在第六章当中逐一找到答案。如果觉得自己的第一篇文章写得还不错，你不妨继续认真学完本书第七章，在实际操作中完成学术期刊论文的投稿，并了解审稿过程中你应当知道的注意事项。

如果你已经是一名博士研究生，或者是一名刚刚进入各类教育、研究机构的年轻研究者，已经积累了一些学术研究和学术写作经验，甚至已经发表过一两篇学术文章，我建议你首先浏览全书目录，选择自己最需要了解的内容，仔细阅读并完成对应的任务，补足自己可能存在的短板，然后跳读其余章节，只关注其中的"避坑"提醒，确保下一次写作和投稿过程都完美无缺。

如果你是一名在读大学生或者是不太有学术写作经验的硕士研究生，我建议你从第一章开始阅读，先完整了解学术写作所需的基本功，然后不要着急，请暂停阅读本书，给自己 3～6 个月的时间，在日常学习当中反复操练这四项基本功。确认已经打好基础之后再继续阅读本书其他章节，完成各项任务。

如果你需要短期内确定一个研究主题、撰写一份研究计划，用来帮助自己获得研究生入学机会，我想建议你重点阅读本书第二、三、六章，快速上手，完成选题的聚焦、框架的搭建，并写出一份完全符合学术规范的研究计划。

如果你并没有打算马上开始学术写作，只是希望提前了解如何在写作中讲究理性、讲究逻辑、讲究证据，我想建议你泛读本书前六章，主要完成其中与文献检索有关的任务，初步感受严谨的学术文章是什么样子的。如果将来有一天，你果真需要开始学术写作的实际操练，回想起今天的阅读感受，就一定会知道从何下手、如何下手了。

以上，是在你选择这本书之前，或者开始使用本书之前，我想跟你分享的全部内容，希望能帮助你挑选并正确使用真正适合你的学术写作手册。

接下来，必须感谢一些人，是他们让这本书逐渐成形并趋向完善。

感谢人民邮电出版社信息应用出版分社的蒋艳社长，是她敏锐地发现读者中蕴藏的需求，鼓励我撰写这样一本书。感谢人民邮电出版社信息应用出版分社的牟桂玲编辑，整个写作过程中，她和我随时沟通，整个出版过程中，她最辛苦！还要感谢多年来一直倾力指导我做研究、写文章的各位老师，他们毫无保留地教导与有效地督促让我慢慢进步。另外，感谢我曾经投稿的各家期刊和遇到的各位审稿人，每一份修改建议都是我继续努力的动力。还必须感谢我工作了将近十七年的学术期刊《中国远程教育》以及这些年里打过交道的每一位作者，没有日常与同事、与作者的反复探讨，我可能根本不敢开始这本书的酝酿。

希望本书能给更多零起点的学术写作者带来一些有用的技巧和必不可少的信心！

郝丹

2021 年 12 月 6 日

目录

第一章　初探学术期刊论文写作：四枚定海神针

第一节　神针之一：文献基本功　　　　　　　　　　　3

一、精准：文献检索的第一原则　　　　　　　　　　3

二、正确：文献筛选的第一标准　　　　　　　　　　12

三、高效：文献阅读的第一要点　　　　　　　　　　21

四、精确：文献笔记的第一优点　　　　　　　　　　23

五、有效：文献管理的唯一目标　　　　　　　　　　29

第二节　神针之二：选题基本功　　　　　　　　　　31

一、圈定选题范畴　　　　　　　　　　　　　　　　31

二、逐步聚焦选题　　　　　　　　　　　　　　　　32

第三节　神针之三：研究基本功　　　　　　　　　　34

一、研究方法　　　　　　　　　　　　　　　　　　35

二、研究设计　　　　　　　　　　　　　　　　　　36

三、研究实施　　　　　　　　　　　　　　　　　　36

第四节　神针之四：写作基本功　　　　　　　　　　37

第二章 **框架：**
学术期刊论文的骨骼

第一节　学术期刊论文框架：两个基本评判标准与
　　　　两项基本功　　　　　　　　　　　　　40
一、两个基本评判标准　　　　　　　　　　　40
二、两项基本功　　　　　　　　　　　　　　41
第二节　框架中的九个普适元素　　　　　　　41
一、文前部分　　　　　　　　　　　　　　　42
二、文中部分　　　　　　　　　　　　　　　53
三、文后部分　　　　　　　　　　　　　　　60
第三节　正文中的七个基本模块　　　　　　　61
一、引言　　　　　　　　　　　　　　　　　62
二、文献综述　　　　　　　　　　　　　　　64
三、研究设计　　　　　　　　　　　　　　　66
四、研究实施　　　　　　　　　　　　　　　69
五、研究发现　　　　　　　　　　　　　　　71
六、研究结论　　　　　　　　　　　　　　　73
七、讨论、建议和反思　　　　　　　　　　　76
第四节　如何搭建学术期刊论文框架　　　　　78
一、好框架都有什么特点　　　　　　　　　　78
二、审稿中常被指出的框架方面的问题　　　　79
三、如何应对常见的框架问题　　　　　　　　82
四、搭建学术期刊论文框架的"三部曲"　　　86

第三章 **选题：**
学术期刊论文的灵魂

第一节　选题是什么　　　　　　　　　　　　90

一、选题，到底是什么   90

二、一句话描述：选题是什么   93

三、学术期刊论文选题相关的三项基本功   95

第二节   学术期刊论文选题的五要素   95

一、时间   96

二、地点   98

三、主角   100

四、方法   102

五、事情   103

第三节   学术期刊编辑眼里的好选题   106

一、反映研究前沿   107

二、贴近实践热点   107

三、凸显研究者个人特质   108

四、有创新点   109

五、有亮点   109

六、能够解决期刊的难点问题和编辑的痛点问题   110

第四节   如何找到适合自己的好选题   111

一、先看看：编辑如何确定中意的选题（范畴）   112

二、具体来讲：新手作者如何用五个行动找到适合
自己的好选题   115

三、归结起来：普通作者确定选题时的五个误区   125

第五节   实战：五步聚焦一个好选题   128

一、花多少时间来确定选题   128

二、选题聚焦的五步法   129

第四章 规范：
学术期刊论文的底线

第一节   学术期刊论文框架的规范   137

一、论文框架需要遵循的基本规范　　138

二、论文框架中常见的规范问题　　142

第二节　学术期刊论文正文的规范　　144

一、学术期刊论文正文需要遵循的基本规范　　146

二、论文正文中常见的规范问题　　151

第三节　学术期刊论文参考文献的规范　　153

一、从文字复制比说起　　153

二、参考文献的一体三面　　155

三、常见的几种参考文献格式　　164

四、新国标：《信息与文献　参考文献著录规则》
　　（GB/T 7714—2015）　　168

第四节　学术期刊论文的语言规范　　172

第五章

实战应用：
文献综述类学术期刊论文的写作

第一节　文献综述类学术期刊论文的选题　　179

一、精彩的文献综述类学术期刊论文选题应该是什么样　　181

二、文献综述类学术期刊论文的选题技巧　　185

三、实战：如何找到合适的文献综述类论文选题　　186

第二节　文献综述类学术期刊论文的结构　　190

一、文献综述类学术期刊论文的类型　　190

二、不同类型综述论文的框架结构　　193

三、实战：快速搭建文献综述类学术期刊论文框架　　198

第三节　文献综述类学术期刊论文审稿中的常见问题　　201

一、选题的创新价值不明显　　202

二、筛选文献的标准与结果含糊　　202

三、没有选择恰当的文献分析工具   203

四、参考文献标引不规范   204

五、综述焦点分散   204

六、没有提出有足够学术价值的研究问题   205

第六章   **学术期刊论文的排版：**
常规格式与常见问题

第一节   学术期刊论文排版的总体要求   210

一、先不要着急动手排版   210

二、选择适合自己的排版软件   211

三、现在开始确定全文版式   212

第二节   文前部分的排版   213

一、论文标题的排版   214

二、中文摘要和英文摘要的排版   216

三、中文关键词和英文关键词的排版   218

四、作者信息的排版   219

五、项目课题信息的排版   223

第三节   正文部分的排版   225

一、正文标题的排版   225

二、正文段落的排版   228

三、图片的排版   228

四、表格的排版   230

五、正文中参考文献标注的排版   232

第四节   文后部分的排版   233

一、带标号的参考文献列表   233

二、不带标号的参考文献列表   235

第七章 学术期刊论文的投稿与审稿

第一节 学术期刊论文投稿的六个步骤　　　　238

一、选定目标期刊　　　　238

二、找准投稿方式　　　　243

三、注册作者账号　　　　249

四、提交论文的关键信息　　　　250

五、提交定稿和附件　　　　251

六、确认投稿成功　　　　252

第二节 投稿中的注意事项、常见问题和解决

　　　　办法　　　　253

一、投稿中的六个注意事项　　　　253

二、投稿中的六个常见问题及解决办法　　　　254

第三节 学术期刊论文审稿的五个步骤　　　　258

一、初筛　　　　258

二、一审　　　　259

三、外审　　　　260

四、二审　　　　260

五、三审　　　　261

第四节 常见的四种审稿结果及正确应对　　　　262

一、直接录用　　　　262

二、改后可发表　　　　263

三、改后重审　　　　265

四、退稿　　　　266

第一章　初探学术期刊论文写作：
四枚定海神针

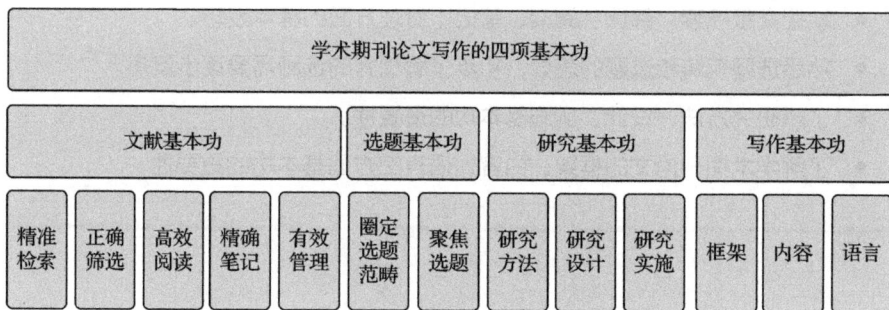
本章导读

　　本章将为你介绍学术期刊论文写作的四项基本功。这四项基本功也是你学术写作中的"定海神针"，具体内容如图 1-1 所示。从字面来看，似乎只有写作基本功是与学术期刊论文的写作直接相关，但实际上，一篇学术文章的好坏与作者所具备的文献基本功、选题基本功、研究基本功也有不可分割的紧密联系。

学术期刊论文写作的四项基本功			
文献基本功	选题基本功	研究基本功	写作基本功
精准检索　正确筛选　高效阅读　精确笔记　有效管理	圈定选题范畴　聚焦选题	研究方法　研究设计　研究实施	框架　内容　语言

图 1-1　学术期刊论文写作中的"定海神针"

　　本章第一节将和你一起分步骤了解并实战练习文献基本功的技能要点。选题基本功、写作基本功的相关内容将在本书后面的章节中逐一提及，因此本章第二节、第四节将扼要讨论这两项基本功与学术期刊论文写作的紧密关系，以及其中值得写作新手关注的技能要点。研究基本功则不是本书主要涉及的内容范畴。很显然，要提升这一项基本功尚需在专门的课程中投入大量精力，本章第三节仅对与学术期刊论文写作关系紧密的研究基本功做简单提示，旨在提醒写作新手对此足够重视。

若能熟悉其中各项要点，更进一步地，若能熟练运用其中各种技能、技巧，你就能高效地写出一篇合规的学术文章。如果疏忽了各项基本功的要点，不能熟稔这些技能、技巧，未来的学术写作之路免不了坑坑洼洼，事倍功半。

那么，让我们一起努力，争取圆满完成本章的学习任务吧！

本章学习要点 >>

- 掌握文献检索、筛选、阅读、笔记、管理方面的基本技巧。
- 熟悉选题范畴和选题的差异，初步了解优秀的选题需要逐步聚焦。
- 了解研究方法、设计、实施基本功的重要性。
- 了解学术期刊论文的框架、内容、语言三方面基本功的重要性。

第一节

神针之一：文献基本功

文献基本功是学术写作的基础，扎实的文献基本功可以帮助你确定学术文章的选题、把握学术写作的方向、确保学术写作的质量。如果能在学术论文中展示出扎实的文献基本功，对你投稿和发表将会有极大的好处。当然，如果审稿人一眼看出论文作者的文献基本功薄弱，那么这篇论文被录用的概率必定就会小很多。

通常，文献基本功包括五个方面：精准检索文献、正确筛选文献、高效阅读文献、精确做好文献笔记、有效管理文献。

下面，请你和我一起从这五个方面来了解文献基本功。

一、精准：文献检索的第一原则

文献检索是整个学术写作的开端，甚至可以说是整个学术研究的起点。精准的文献检索为学术研究提供了必要的研究资料，特别是为研究问题的聚焦、研究方法的选择提供了重要支撑。当然，也为后续学术写作准备了必要的模板。

"精准"是学术文献检索的第一原则。为了遵守这一原则，你可能需要反复练习相关的技巧，不断积累走向"精准"的经验。对此，决定尝试学术写作的你，必须有足够的心理准备。

那么，如何做到精准地检索学术文献呢？图 1-2 呈现了我建议的文献精准检索步骤。

图 1-2　文献精准检索步骤

接下来，我将为你解说每一个步骤。

第一步，聚焦检索目标。

选定一个清晰的检索目标，是精准检索的第一步。在这一步，特别要避免的是目标含糊，或者说目标太大。不够聚焦的检索目标会严重影响检索结果的质量，甚至会导致文献检索完全失败。

一点提醒： 有可能一次完成文献检索吗？

> 每一次学术研究或者学术写作的文献检索都不是一蹴而就的，你很可能会在完成一次检索之后，通过反思和回顾，进一步聚焦到新的、更有价值的检索目标之上，并开始新的一次文献检索。
>
> 无论如何，每一次开始文献检索的时候，请你一定要尽自己最大的努力聚焦检索目标。

那么，什么样的检索目标才算是足够"聚焦"？

在表 1-1 中，列出了不同领域中可能出现的检索目标。细心对比两组内容，也许你能有所发现。

表 1-1　检索目标对比

第 1 组检索目标	第 2 组检索目标
高等教育的政策法规	高等教育质量评价的政策研究
教师教学技能评价	小学教师课堂教学技能的评价指标
医患沟通的困难与挑战	医患沟通的伦理学挑战
在线学习中学生的专注力	在线学习中职业院校学生的专注力特征
教师队伍建设	继续教育学院教师队伍的角色构成
幼儿的营养膳食搭配	幼儿园大班幼儿的营养膳食结构
人工智能对财会专业的影响	人工智能与财会专业人才培养结构

你有没有发现，第 2 组的检索目标似乎更精准？事实上，一个更精准的检索目标会为你描述一个清晰的研究话题，指明接下来文献检索的方向。

第二步，挑选文献库。

在确定检索目标之后，你需要在众多的文献库中挑选出最适合的那一个或那几个。

常见的中文文献数据库有"中国知网"。在中国知网上，你既可以检索到近十年的几千本期刊，甚至创刊以来刊发的文章；也能检索到部分博士论文和硕士论文、学术会议论文、报纸文章、行业标准、专利等；还能检索到一些图书的概要。

总之，中国知网上的文献总量非常多。但是，这也为你精准检索学术文献带来了一些困难。当然，后面我会引导你通过对检索方式的斟酌，尽可能提高文献检索的质量。

除了中国知网，还有一些中文文献数据库是值得你选用的，如国家哲学社会科学文献中心学术期刊数据库，南京大学中国社会科学研究评价中心的中文社会科学引文索引数据库，中国科技期刊开放获取平台，中国人民大学复印报刊资料库，等等。你可以根据自己的需要选择最方便接入、最合适的数据库。

学术写作经常会需要英文文献数据库。常用的英文文献数据库有 SCI、SSCI、JSTOR、Scopus、HeinOnline 等，分别提供不同学科领域的英文文献，你也可以根据需要选择。

第三步，选准检索方式。

每一个文献数据库都提供了多种多样并且非常相似的检索方式。以中国知网为例，你既可以在确定的检索维度和检索范围内开展"文献检索"，也可以用期刊的名称开展"出版物检索"。

关于检索维度，中国知网目前提供了主题、篇关摘、关键词、篇名、全文、作者、第一作者、通讯作者、作者单位、基金、摘要、小标题、参考文献、分类号、文献来源、数字对象唯一标识符（Digital Object Identifie，DOI）共 16 个检索维度。

关于检索范围，中国知网让你可以通过简单勾选项目，将检索范围限定在学术期刊、学位论文、学术会议论文、报纸文章、行业标准、专利等范围之内。具体到学术期刊这个范畴，中国知网还按照不同学科、不同核心期刊库、不同文献类型等，提供了更精确的细分。

在检索方式的选择上，对检索结果影响最大的恐怕要数"检索维度"。因此，下面我试着将前面提到的检索维度分为三类，分别讨论不同检索维度的优点和不足，如表 1-2 所示。

表 1-2　检索维度的类别

第一类：内容检索			
检索维度	说明	优点	可能存在的不足
主题	按照设定的检索词检索主题中涉及该检索词的所有文献	能够获得与该检索词相关的所有文献	检索范围太宽泛，检索结果中包含的文献数量过多
篇关摘	按照设定的检索词检索篇名、关键词、摘要中出现该词的文献	能够获得篇名、关键词、摘要中包含该检索词的所有文献	检索范围可能太宽泛，检索结果中包含的文献数量可能过多，但也有可能漏掉在篇关摘之外的部分出现了该检索词的文献
关键词	按照设定的检索词检索关键词中出现该词的文献	能够获得关键词中包含该检索词的所有文献	可能漏掉关键词之外的部分出现了该检索词的文献
小标题	按照设定的检索词检索小标题中出现该词的文献	能够获得小标题中包含该检索词的所有文献	可能漏掉小标题之外的部分出现了该检索词的文献
摘要	按照设定的检索词检索摘要中出现该词的文献	能够获得摘要中包含该检索词的所有文献	可能漏掉摘要之外的部分出现了该检索词的文献
全文	按照设定的检索词检索全文中出现该词的文献	能够获得全文中包含该检索词的所有文献	检索范围太宽泛，检索结果中包含的文献数量过多
参考文献	按照设定的检索词检索参考文献列表中出现该词的文献	能够获得参考文献列表中包含该检索词的所有文献	可能漏掉参考文献之外的部分出现了该检索词的文献
第二类：文章信息检索			
检索维度	说明	优点	可能存在的不足
作者/第一作者/通讯作者	按照输入的作者姓名检索该作者参与署名、该作者作为第一作者或通讯作者的文献	能够获得该作者的所有文献	初次检索无法筛除同名的其他作者的文献
作者单位	按照输入的单位名称检索所有相关的文献	能够获得作者信息中标注的单位的所有相关文献	如使用不规范表述或简称，可能检索失败
基金	按照输入的基金、项目名称检索所有相关的文献	能够获得标注该基金、项目的所有文献	如使用不规范表述或简称，可能检索失败
分类号	按照输入的中图分类号检索所有相关的文献	能够获得标注该分类号的所有文献	无
文献来源	按照输入的文献来源（如期刊名称）检索所有相关的文献	能够获得该来源的所有文献	如使用不规范表述或简称，可能检索失败

第三类：精确检索			
检索维度	说明	优点	可能存在的不足
篇名	按照输入的篇名检索对应的文献	精确锁定所要的那一篇文献	如使用不完整或不准确的篇名，可能检索失败
数字对象唯一标识符	按照输入的数字对象唯一标识符检索对应的文献	精确锁定所要的那一篇文献	如使用不准确的数字对象唯一标识符，可能检索失败

不同的数据库提供的检索维度都是相似的，只有了解了不同检索维度的优点和不足，你才能在检索文献的时候选择最合适的检索方式，获得最有用的检索结果。而熟练确定检索方式则是一项非常重要的基本功。

第四步，划定检索时间段。

确定检索目标、选定检索数据库、选准检索方式之后，你还需要划定检索文献的时间段。

检索时间段与你的写作主题相关，也与你的研究设计等相关。人们通常会将检索时间段设定为近五年、近十年乃至近三十年，等等。从我的经验来看，检索时间段最初可以设定得宽泛一些，然后逐步缩短。当然，新手完全可以不预先设定检索时间段，根据初步检索的结果决定如何一点点缩短检索时间段。

第五步，及时做好检索笔记。

这个步骤的重要性可能并不比文献检索的其他任何一个步骤低。一份清晰的检索笔记能帮助你在学术论文中扼要呈现文献检索的必要步骤，也能方便你后续回顾与反思文献检索过程，更可以为下一次文献检索提供非常重要的参考资料。

文献检索笔记的模板可以根据自己的需要去设计。在表 1-3 中，我提供了一个简单的模板，供你参考。

表 1-3　文献检索笔记模板

文献检索笔记						
检索词	远程教育 + 质量保证					
检索方式	主题检索					
检索时间段	年	月	日至	年	月	日
检索日期	年	月	日			
检索结果	（　　　）篇					

如果采用这样的笔记模板，只要用最基本的办公软件 Word 就能做好文献检索笔记。当然，也可以借助专业的文献工具，比如 Endnote 等来完成文献检索笔记。

一点提醒： 选择工具和模板时，牢记你的目标！

在学术界流行着各种各样的文献工具，也有多样的文献检索笔记模板，绝对能让你眼花缭乱！当你斟酌、筛选这些工具和模板的时候，不妨牢记一点：不论使用什么样的工具，不论采用什么样的笔记模板，你的目标都是及时做好文献检索笔记！

"精准"是文献检索的第一原则，牢牢守住这个原则，你就有可能确保所获取文献的质量，也才能确保后续研究和写作的质量。下面，我归纳了文献检索中的一些常见问题，并针对每个问题提出了应对建议，如表1-4所示。如果你有更好的解决办法，也可以记在表1-4里，方便自己回顾和反思。

表1-4 文献检索中的常见问题及应对建议

文献检索中的常见问题	我建议的应对方法	你有哪些更好的解决办法
1. 检索完毕，发现文献数量多到超乎想象	尝试调整检索词、改变检索方式、缩短检索时间段	
2. 检索完毕，发现文献数量为零	尝试增加检索词、改变检索方式、拓展检索时间段。如果依然没有变化，反思一下检索目标是否合适	
3. 混淆关键词检索和主题检索	这是新手最容易犯的错误。好好阅读前面关于检索维度的内容吧	
4. 忘了及时做好文献检索笔记	这个……可能只能从头再来了	

接下来，请你依次完成任务1-1、任务1-2、任务1-3，跟着我一起进行文献检索。

■■■ |任务1-1| 完成你的第一份文献检索笔记

（1）从你的专业领域，找一个最热门的主题，用一句话表述出来，写在下面：

_____。

（2）将这个表述拆分成2～4个词，作为下一步的检索词。这2～4个词合起来要能够清晰概括整个主题。

（　　　　）（　　　　）（　　　　）（　　　　）

（3）登录中国知网，开始检索。检索方式为关键词检索，检索时间段设定为 2000 年 1 月 1 日至 2020 年 12 月 31 日。

（4）采用前面提供的文献检索笔记模板，及时做好你自己的文献检索笔记（见表 1-5）。

表 1-5　你的文献检索笔记

文献检索笔记	
检索词	（　　　　）（　　　　　）（　　　　　）
检索方式	（　　　　）检索
检索时间段	年　　月　　日至　　年　　月　　日
检索日期	年　　月　　日
检索结果	（　　　　）篇

■　|任务 1-2|　确定最佳的检索词

（1）根据任务 1-1 确定的主题，尝试变换角度，拆分出至少三组不同的检索词，写在下面。

组合 1：（　　　　　）（　　　　　）（　　　　　）（　　　　　）

组合 2：（　　　　　）（　　　　　）（　　　　　）（　　　　　）

组合 3：（　　　　　）（　　　　　）（　　　　　）（　　　　　）

（2）登录中国知网，使用上面的三组检索词，选择同样的检索时间段，分别进行关键词检索，并做好每一次检索的笔记。

（3）对照三份文献检索笔记，比较不同检索词的检索结果，选定其中一组为最佳的检索词。

（4）思考一下：为什么你觉得这组检索词是最佳的？

■ |任务1-3| 比较不同检索方式的差别

（1）登录中国知网，使用任务1-2中确定的最佳检索词，选择同样的检索时间段，变换检索维度进行检索，可以尝试：主题检索、篇关摘检索、关键词检索、摘要检索、全文检索、参考文献检索。

（2）及时为每一次尝试做好文献检索笔记。

（3）对照这几份检索笔记，比较不同检索方式的差别。

二、正确：文献筛选的第一标准

在完成了前一部分的学习之后，你应该初步掌握了文献检索的基本技巧。接下来，请你跟着我一起在实战中学习如何正确地筛选文献。

需要说明的是：好用的文献数据库有很多，而且各有各的长处和短处，界面也各具特色。不过，好在主流文献数据库的网站界面与使用方法大多是相似的，我在这里仅以常用的中国知网为例，希望你能把学到的检索和筛选技巧灵活运用到其他数据库中。

1. 为何要筛选文献

首先，请你找出完成任务1-3时获得的文献检索笔记，选择其中你认定的最佳检索词与最佳检索方式组合。然后，请你在文献数据库（如中国知网）中重新操作一次，这时候，你的检索结果应该是同一个主题下的一组文献。请不要关掉这个检索结果页面，之后我会请你在这个检索结果页面中进一步操作。

如果你确定的最佳检索词不是特别窄，这一组文献可能会超过100篇，甚至达到1000篇、几千篇。

出大事了！这么多文献，怎么办？

送你俩字：筛选！

筛选文献的第一标准：正确。换言之：正确地去掉无价值或低价值的文献，正确地保留高价值的文献。

2. 什么是文献的价值？什么是高价值的文献

文献的价值是具有情境性和相对性的。能聚焦研究主题、满足研究需求的文献就是有价值的文献。在一个研究主题下有价值的文献，对另一个研究主题来说可能毫无价值。这一点应该不用赘述了。

3. 怎样找到对你来说价值最高的文献

文献价值的高低也是具有相对性的。同样的文献对不同的研究主题，甚至对开展同一主题研究的不同研究者来说，都可能具有不同的价值。应该怎么做才能找到对自己来说价值最高的那些文献呢？建议你分两步走。

第一步，明确评判价值高低的标准。

当你初步检索并获得一组文献之后，仅做简单的比对就可以发现：这些文献刊发于不同年份、分布在不同期刊，而且篇幅长短不一、研究方法不同，甚至各自的参考文献列表长度也不一样。然而，仅有这些信息，作为学术写作新手的你，恐怕很难凭自己对这个研究主题的了解完成文献筛选。

不要着急，表1-6中列出了几个直观的文献特征，根据这些特征，你就可以快速判断出文献的价值。

表1-6　七个直观的文献特征及其含义

文献特征	特征的含义
和研究主题的相关度	相关度越高，则文献的价值越高
来源期刊	核心期刊文献的价值通常较高
发表时间	发表时间越近，研究焦点、研究方法等可能就越新
文献下载量	下载量越大，受关注程度越高
文献被引量	被引量越大，受关注程度越高
文献所属基金项目	基金项目级别越高，文献的价值可能越高
文献类型	综述类文献可能提示更多研究线索

对于表1-6，我想做如下解释。

- 文献和研究主题的相关度越高，当然越可能给你带来多方面的启发。

- 如果来源期刊是某核心期刊，鉴于核心期刊文章发表的高筛选性，该文献通常价值更高。当然，这个标准也不是绝对的。

- 发表时间距今的远近可能与该文献研究焦点、研究方法等的选择有关，除非是久远的经典文献。不然，还是建议你尽可能选择新近年份的文献。

- 文献的下载量和被引量是公认的判断文献是否是热点文献的重要指标，

虽然研究者们对此有分歧，但是对新手来说，牢牢把握这两个指标确实就不太容易出错。

- 文献所属基金项目在提示文献价值方面的功用，与文献的来源期刊相似，基金项目级别越高，文献的价值可能也越高。

- 文献类型方面，如果是初次筛选文献，一定要留意综述类文献，因为好的综述类文献能为你提供更多有价值的相关文献，甚至可能一次性在研究选题、研究方法等方面给你莫大的启发。

当然，判断文献价值高低的标准远不止表中所列的这些。当你在一个领域中浸淫日久，检索、筛选文献的经验日渐丰富，一定还会得出自己对文献价值的评判标准。比如，在某个研究主题上，某位学者或者某个团队在某个时间段内的研究的价值可能相对更高。但是，确定这样的评判标准对一个新手来说还有点难，我还是建议你先从直观的文献特征入手去筛选文献。

第二步，筛选出高价值的文献。

了解了这几个文献特征及其含义后，请你登录中国知网，具体试一下如何筛选。

之前，你在任务 1-3 中获得了同一个主题下的一组文献，这一组文献数量可能巨大。现在请你在当时的检索结果页面中，参照下面的引导，继续操作。为了表述上的方便，我以主题检索的方式，用"在线学习"这个检索词进行检索。文献库默认按"发表时间"降序呈现检索结果，如图 1-3 所示。

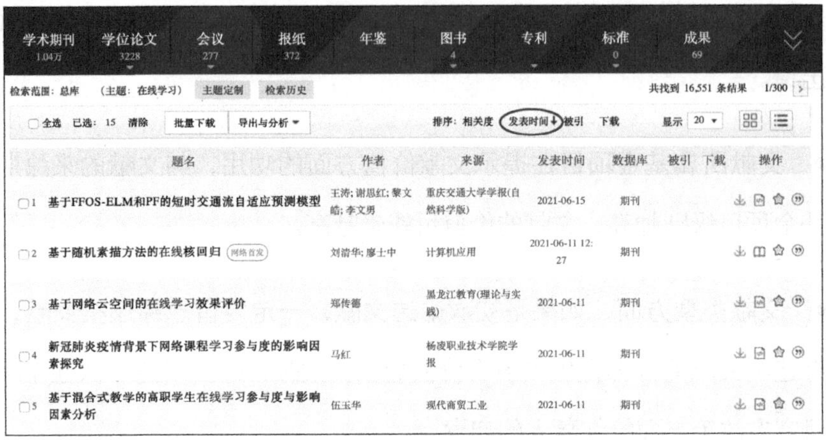

图1-3 初步检索结果

分别单击页面中"排序："后面的"相关度""被引""下载"，使页面分别呈现出按照主题相关度、文献被引量或下载量降序排列的结果，如图1-4～图1-6所示。

图1-4 按主题相关度对检索结果进行排序

| 学术期刊 1.04万 | 学位论文 3297 | 会议 277 | 报纸 372 | 年鉴 | 图书 4 | 专利 | 标准 0 | 成果 69 | |

检索范围：总库 （主题：在线学习） 主题定制 检索历史　　　　共找到 16,620 条结果　1/300

全选　已选：15　清除　批量下载　导出与分析▼　　　　排序：相关度 发表时间 被引↓ 下载　　显示 20

	题名	作者	来源	发表时间	数据库	被引	下载	操作
1	微课及其应用与影响	焦建利	中小学信息技术教育	2013-04-01	期刊	2134	11142	
2	混合学习的原理与应用模式	李克东；赵建华	电化教育研究	2004-07-30	期刊	1924	13275	
3	深度学习的昨天、今天和明天	余凯；贾磊；陈雨强；徐伟	计算机研究与发展	2013-09-02 20:26	期刊	1532	45960	
4	论微课程的设计与开发	黄建军；郭绍青	现代教育技术	2013-05-15	期刊	766	9575	
5	混合学习:定义、策略、现状与发展趋势——与美国印第安纳大学柯蒂斯·邦克教授的对话	詹泽慧；李晓华	中国电化教育	2009-12-10	期刊	671	7946	
6	大数据视角分析学习变革——美国《通过教育数据挖掘和学习分析促进教与学》报告解读及启示	徐鹏；王以宁；刘艳华；张海	远程教育杂志	2013-12-01	期刊	562	23664	
7	从MOOC到SPOC:一种深度学习模式建构	曾明星；李桂平；周清平；覃遵跃；徐洪智	中国电化教育	2015-11-05 14:50	期刊	527	18181	

图1-5　按文献被引量对检索结果进行排序

| 学术期刊 1.04万 | 学位论文 3297 | 会议 277 | 报纸 372 | 年鉴 | 图书 4 | 专利 | 标准 0 | 成果 69 | |

检索范围：总库 （主题：在线学习） 主题定制 检索历史　　　　共找到 16,620 条结果　1/300

全选　已选：15　清除　批量下载　导出与分析▼　　　　排序：相关度 发表时间 被引 下载↓　　显示 20

	题名	作者	来源	发表时间	数据库	被引	下载	操作
1	深度学习的昨天、今天和明天	余凯；贾磊；陈雨强；徐伟	计算机研究与发展	2013-09-02 20:26	期刊	1532	45960	
2	大数据视角分析学习变革——美国《通过教育数据挖掘和学习分析促进教与学》报告解读及启示	徐鹏；王以宁；刘艳华；张海	远程教育杂志	2013-12-01	期刊	562	23664	
3	中国在线教育发展现状、趋势及经验借鉴	管佳；李奇涛	中国电化教育	2014-08-10	期刊	271	18618	
4	从MOOC到SPOC:一种深度学习模式建构	曾明星；李桂平；周清平；覃遵跃；徐洪智	中国电化教育	2015-11-05 14:50	期刊	527	18181	
5	基于大数据的个性化自适应在线学习分析模型及实现	姜强；赵蔚；王朋娇；王丽萍	中国电化教育	2015-01-10	期刊	391	18107	
6	"互联网+教育"背景下智慧课堂教学模式设计与应用研究	陈婷	江苏师范大学	2017-05-01	硕士	277	16957	

图1-6　按文献下载量对检索结果进行排序

对比这几张图可以看到：选择不同的排序方式，所得到的文献排序结果差异非常大。究竟如何筛选检索结果才能得到高质量的文献？应该说，按"发表时间""相关度""被引""下载"来排序，在学术研究或学术写作时都是可以接受的。其中，用得最多的是"相关度"与"被引"。有时候，我也会把按"相关度""被引""下载"排序的结果结合起来，将三类排序中靠前的文献筛选出来、归并在一起，又或者，筛选出在这三类排序中都名次靠前的文献。而若你只是需要找到最新的文献，当然就要选择按"发表时间"排序。

至于确定排序方式后到底该选择多少篇文献，这个数字通常要根据不同的研究目的来确定，并且应参照预计要采纳的研究方法：如果是要尽可能呈现这个主题的研究概貌或趋势，并且使用文献分析工具自动完成文献分析，那么可能你需要选取全部文献、前几百篇文献，或 10 年、20 年甚至更长时间段内的文献；如果仅需要了解一下该主题重要的研究结果或者最新的研究成果，则可能只需要选取按"被引"或"发表时间"排序的前 10 篇文献。随着你逐渐积累的属于自己的学术写作经验，特别是文献检索和筛选方面的经验，你会逐渐确定，在你所关注的主题下，以你自己的文献分析能力和偏好的文献分析方法，你到底需要在筛选完毕后保留多少篇文献。

如果想按基金项目类型或文献类型对检索结果进行筛选，则需要在检索结果页面的左侧单击相应的下拉菜单，找到对应的类别，如图 1-7 和图 1-8 所示。勾选中意的选项，你就能迅速获得相应的筛选结果。请注意图 1-8 中，对文献类型的筛选是"只对前 4 万条记录分组"，即当检索结果超过 4 万条的时候，文献数据库的这一功能并不能覆盖全部检索结果。检索结果页面左侧的各项筛选功能都存在这一条件限定。

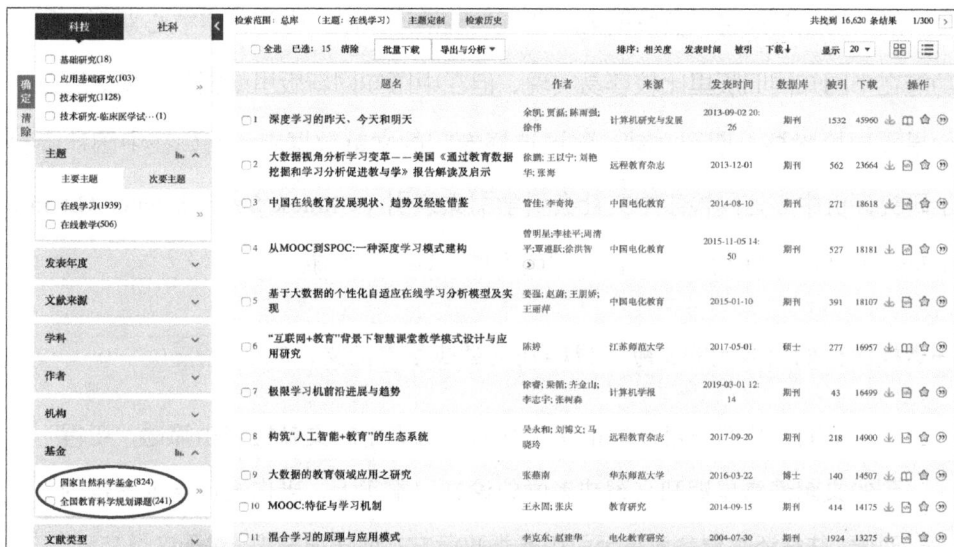

图1-7　按基金项目类型对检索结果进行筛选

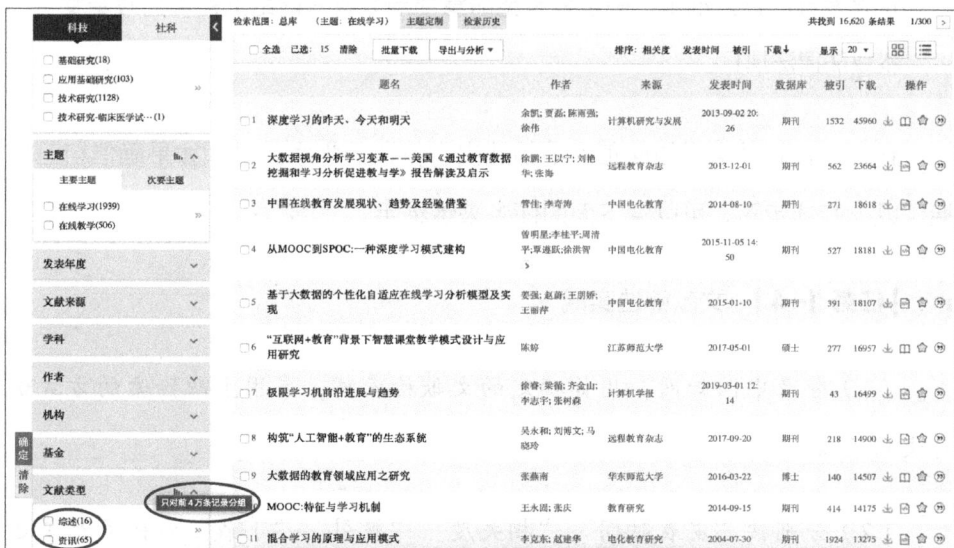

图1-8　按文献类型对检索结果进行筛选

以上筛选都没有涉及根据来源期刊类别筛选文献。专门检索核心期刊文献的功能在中国知网旧版里比较容易实现，但在中国知网新版里就困难许多。所以，如果需要检索核心期刊文献，建议选择专门的文献数据库，比如在中国社会科学研究评价中心官网检索中文社会科学引文索引（Chinese Social Science Citation Index，CSSCI）期刊文献，也称"南大核心期刊"文献。

一点提醒： 如果要找的文献不是期刊文章或学位论文，怎么办？

> 前面，咱们一直在讨论学术文献数据库中的文献检索和筛选，所得到的文献通常是期刊文章或者学位论文。事实上，当你进行学术写作的时候，往往还需要参考甚至引用各类政策文本或法律法规。对于这类文献，建议你一定要在相应的官方网站或权威网站上检索官方文本，或者找到正式发行的官方纸本。一定要避免随意使用非官方网站上提供的政策文本或法律法规！

到此，我们讨论了如何正确地筛选出有价值的学术文献。如果确信自己掌握了以上筛选步骤，可以拿下面的任务来练练手。

■ **|任务1-4|** 文献筛选实战

（1）登录中国知网，用你确定的文献检索词，采用主题检索的方式进行文献检索。

（2）分别按"发表时间""相关度""被引""下载"对检索结果进行排序，记录并比较每次排序下的前10篇文献。从标题上看，它们有什么区别？

（3）如果时间充裕，尝试将不同排序下的前10篇文献下载下来，粗略阅读这些文献，最后看看通过哪种排序方式得到的10篇文献对你来说最有价值。请注意，不需要纠结你对文献的价值判断是否准确。很多时候，对文献的价值判断就是非常主观的，你完全可以相信自己！

■▓ |任务1-5| 法律或政策文本来源的筛选

（1）打开你常用的搜索引擎，搜索"《中华人民共和国教育法》"。

（2）搜索引擎通常会返回很多个搜索结果，仔细对比，你觉得哪个网站公布的《中华人民共和国教育法》文本最可靠？

（3）搜索引擎中会显示法律或政策文本的多个来源，对于《中华人民共和国教育法》，建议你首选我国教育部官网提供的电子版本。

（4）中国法制出版社等专业出版社出版的纸质版本也是可以优先选择的权威版本。纸质版本的《中华人民共和国教育法》可以在图书馆借阅或去书店购买。

三、高效：文献阅读的第一要点

通过前面的检索和筛选，你应该已经获得了学术写作所需要的一组文献，数量可能在几十到几百篇不等。接下来就该阅读这些文献了。

如何才能高效地从这些文献中获得所需信息呢？请你跟着我一起来分四

步走。

第一步，快速浏览所有文献，根据标题进行初步的分类。 在这一步，只需要将文献分为两类——重要文献和次要文献。

快速浏览、分类，这个步骤看起来很简单，但实际上在具体操作中非常依赖你对相关研究主题的理解、对当下研究目的的把握，分类结果也会影响后续工作量，甚至会影响从最终所得文献中提取的内容的质量，因此，有必要反复练习这个步骤。

第二步，速读次要文献，只看标题、摘要。 每读完一篇，就要记下这一篇的要点、它给你的启示或任何你觉得重要的内容。用铅笔或用键盘记录都可以。也请你试着趁机摸索适合你自己的速读文献笔记方式。

第三步，精读重要文献，至少读两遍！

第一遍读标题、摘要、研究结论，第二遍读研究设计、研究发现——你看，即使是在精读阶段，也不需要把全文从头读到尾。

阅读过程中，如果发现有值得逐句阅读的优质文献，请做好记号。对每一篇精读文献，也请按自己的设想做好精读文献笔记。

第四步，对第三步中发现的优质文献进行逐句阅读，同时做好详细的优质文献笔记。

到此，你已经完成了高效阅读文献的四个步骤。这些步骤看起来很简单，但是如果具体做一做，你可能会发现这个过程有点辛苦。没错，文献阅读是一项非常基本、非常重要的工作。你可以根据自己的经验提高阅读效率，但是永远不可能让这项工作变得特别轻松。

一点提醒： 新手在文献阅读过程中还需要注意什么？

如果你在此之前在文献阅读上花的工夫不多，那我很想提醒你：

- 任何情况下都不要试图把所有文献从头读到尾。
- 对任何文献都要先读标题和摘要，除非某篇文献的摘要非常不规范，但是你又能确认这篇文献非常有价值。
- 每一次阅读都要做好文献笔记。
- 在整个阅读过程中，反复回想自己的研究主题和研究目的，尽量避免迷失在文献中。

■ **|任务 1-6 |** 文献高效阅读实战

（1）找到任务 1-4 中按"发表时间"排序获得的前 10 篇文献，逐一下载下来。

（2）按照高效阅读文献的四个步骤，开始阅读实战！注意留存速读文献笔记、精读文献笔记和优质文献笔记。

四、精确：文献笔记的第一优点

前面，我们讨论了如何高效阅读文献，其中有三个步骤需要做好文献笔记。

什么是文献笔记？为什么要做文献笔记？怎样做好文献笔记？在这个部

分，我将试着来回答这三连问。

1. 什么是文献笔记？为什么要做文献笔记

文献笔记是记录你文献阅读过程和阅读结果的笔记文档，自然也是你研究和写作过程中的重要工具。一份精确的文献笔记能帮助你记忆或回顾已读文献的学术价值，判断其对你将要开展的学术研究和学术写作可能提供哪些方面的支持。

2. 怎样做好文献笔记

至于怎样才能做好文献笔记，恐怕并没有定规，更不可能找到一个最优的文献笔记模板。每个人都会有自己觉得最好用的文献笔记样式，每项研究也可能催生一个独特的文献笔记样式。但是，任何一份好用的文献笔记都具有一个共同的优点：精确。具体来说，好的文献笔记应该精确包含必要信息，精确记录重要内容。

哪些信息是文献笔记中应当包含的"必要信息"？

速读文献笔记至少应包含文献的著录信息、文献的学术信息。此外，还可以包含该文献对你的启示或你对该文献的评判。

文献的著录信息，即文献的标题、作者、来源期刊（或出版社）、年份、页码、来源网址（如果是电子文献）等。当你从文献数据库中下载文献时，通常可以顺便获取完整的文献著录信息。

文献的学术信息，即研究主题、研究方法、重要结论等。一篇规范的学术文献通常会在其摘要中提供完整的学术信息。但是，我不建议你在做文献笔记的时候直接把摘要复制、粘贴进去，最好能做一些简单的加工，只保留对你的研究和写作来说最重要的词句。

表1-7呈现了一份基本够用的速读文献笔记模板，供你参考。随着你的写作经验的不断丰富，你一定能打磨出最适合你个人写作习惯的笔记模板。

表1-7　速读文献笔记模板

文献编号：1
文献著录信息：
研究主题：
研究方法：
重要结论：
文献编号：2
文献著录信息：
研究主题：

研究方法：
研究结论：

　　精读文献笔记除了应当包含完整的文献著录信息，还应包含比速读文献笔记更全面的文献学术信息：研究主题、研究问题、研究假设、完整的研究设计（包括但不限于研究方法、研究对象、研究数据、信度效度检验方法等）、研究发现、研究结论。有时候还可以包含从精读文献的参考文献中发现的值得进一步追踪的文献信息。此外，精读文献笔记中必须包含该文献对你的启示或你对该文献的评判，否则，"精读"就失去了其超越"速读"的意义。

　　表1-8是我提供的精读文献笔记模板，当然，也是仅供你参考。希望你能在反复阅读、记录、写作的过程中尽快摸索出最适合你的精读文献笔记模板。

表1-8　精读文献笔记模板

文献编号：1
文献著录信息：
研究主题：

研究问题：	
研究假设：	
研究设计：	
研究发现：	
研究结论：	
我的收获：	
文献编号：2	
文献著录信息：	
研究主题：	
研究问题：	

研究假设:
研究设计:
研究发现:
研究结论:
我的收获:

那么，怎么才叫"精确记录重要内容"？其实只需做到最简单也最要紧的一点：在记录过程中精确区分文献中的原文和你自己阅读后的想法。这两方面内容切忌混淆，否则有可能造成严重后果！比如，如果因为笔记中混淆了两者，你把别人的观点照搬到了你写的论文里，而且未能正确注明该观点的出处，那么你文章的文字复制比将奇高，超过一定的限制，就会直接被退稿。

和文献检索笔记一样，你可以用最简单的办公软件 Word 完成一份文献笔记，也可以使用专门的工具来做文献笔记。不过，如果你是学术写作的新手，我还是建议你先试着用 Word 软件完成自己的第一份文献笔记，在这个过程中

摸索出最适合你个人学术写作的文献笔记模板，然后按你的习惯去寻找合适的
软件工具来更好地完成文献笔记。

一点提醒： 新手在做文献笔记时，需要注意什么？

回顾关于文献笔记的这部分内容可知，作为新手的你可能需要注意
以下几点。

- 精确记录文献的基本信息，方便写作时查阅和引用。
- 精确区分文献中的观点和自己的观点，切忌混淆！
- 文献笔记可以和文献检索笔记合二为一。通常我会把文献检索笔
记放在全部文献笔记的最前面。

■ **|任务 1-7|** 文献笔记实战

（1）找到你在任务 1-6 中完成的文献笔记。

（2）根据这一部分讨论的内容，完善你在任务 1-6 中所做的文献笔记。

五、有效：文献管理的唯一目标

在检索、筛选、阅读文献并做好笔记的过程中，你还要学会一项基本功：
管理文献。"有效管理"四个字做起来非常简单，难就难在培养"有效管理"
的意识。

为什么要管理好文献？在写学术论文的过程中，你常常会需要与文献原文
核对。在完成整个论文主体的写作后，也会需要认真梳理参考文献标引和列表。
甚至在投稿后的审稿过程中，审稿人偶尔也会要求提交重要文献原文。当你的

论文发表成功后，同行读者也许会向你请教文中引用的某一篇或某一组文献的情况。为了在这样的时候依然有条不紊，我建议你了解一下如何有效管理自己检索和筛选的文献。

文献的有效管理只需要三个步骤。

第一步，准确、完整地下载文献。推荐下载和保存 PDF 格式的文献。

第二步，将同一次检索得到的所有文献归并入同一个文件夹，并用"检索词 + 检索维度 + 排序方式 + 检索日期"命名。

第三步，核对文件夹中的文献与文献检索笔记，确保无误。

■ |任务 1-8| 文献管理实战

（1）重复任务 1-4 的第一、第二步，登录中国知网，用你确定的文献检索词，采用主题检索的方式进行文献检索，并按"发表时间"对检索结果进行排序，然后将所得的前 10 篇文献下载下来。

（2）为这 10 篇文献建立一个文件夹，命名方式为"【你的检索词】+ 主题检索 + 发表时间排序 +【你的检索日期】"。

（3）换一种方式对检索结果进行排序，你可以在按"相关度""被引""下载"等排序中随意选择。然后将所得的前 10 篇文献下载下来，并为其建立一个文件夹，命名方式为"【你的检索词】+ 主题检索 +【你的排序方式】+【你的检索日期】"。

第二节
神针之二：选题基本功

选题是一篇学术期刊论文的灵魂。选题的优劣几乎决定了一篇论文的质量，甚至还会直接决定一篇论文能否被期刊录用。扎实的选题基本功则是选题质量的重要保证。

通常，选题基本功包括两个方面：圈定选题范畴，逐步聚焦选题。在后面的章节中，我会邀请你一起具体学习并练习选题范畴的圈定与选题的聚焦。而在这一部分，请你先了解选题基本功的这两个方面各包含哪些内容。

一、圈定选题范畴

什么是"选题范畴"？它与"选题"有什么不同？为什么要先圈定选题范畴，而不是直接锁定一个优秀的选题？选题范畴的圈定对选题的聚焦有什么帮助？怎样圈定选题范畴？

接下来，我将逐一回答这些问题。

1. 什么是"选题范畴"，它与"选题"有什么不同

简单来说，选题范畴是一个比较小的研究领域。

选题范畴和选题的不同点在于：选题范畴可以被看作多个选题的集合，或者说，在一个选题范畴中，最终能生发出或聚焦出多个选题。

2. 为什么要先圈定选题范畴，而不是直接锁定一个优秀的选题

学术写作的新手往往因为不够了解研究领域中较有价值的选题在哪里，所以很难迅速地、一次性地锁定一个优秀的选题。然而，如果试着先比较粗略地圈定选题范畴，再通过阅读文献等环节，逐渐缩小"包围圈"，就能够方便而有效地一步步扎入研究领域深处，慢慢熟悉该领域中值得研究的问题，最终锁定适合自己的研究选题。

3. 选题范畴的圈定对选题的聚焦有什么帮助

如前所述，选题范畴的圈定首先当然是能够帮助新手方便而有效地获得好的选题，但也不限于此。当新手逐渐"上路"，熟悉了如何快速聚焦选题，可能还是会愿意先圈定一个选题范畴。毕竟这个"包围圈"中可以生发出很多个相关的好选题，供你挑选、对比，你随后甚至可以据此开始一次又一次学术论文写作。

4. 怎样圈定选题范畴

这个问题，我不打算在初探学术期刊论文写作的部分展开讨论。本书后面关于选题的部分，将结合实战任务详细介绍圈定选题范畴的相关技巧。

二、逐步聚焦选题

什么是"选题"？为什么要逐步聚焦，而不是一次锁定选题？不够聚焦的选题会对学术写作造成什么影响？怎样逐步聚焦选题？

接下来，我将逐一回答这些问题。

1. 什么是"选题"

选题是关于研究主题和研究内容的清晰表述。研究者可以据此确定一个研究计划并实施研究，写作者则可以据此初步建立论文的目录框架。

2. 为什么要逐步聚焦，而不是一次锁定选题

对于学术写作的新手来说，即使已经从选题范畴中确定了大致的选题，也还需要再花费一些精力，继续聚焦，最终找到一个具有足够学术价值并且适合自己的选题。即使将来你积累了足够的学术研究和学术写作经验，在确定选题的过程中也需要逐步聚焦，只不过因为经验更丰富了，这个聚焦的过程会更有效率，聚焦的结果会更有质量。

3. 不够聚焦的选题会对学术写作造成什么影响

不聚焦的选题首先会影响学术研究的过程和结论，甚至可能导致整个研究的失败，这样的研究就没有办法呈现为一篇规范的论文了。其次，虽然有可能从一个不够聚焦的选题出发，逐步完成学术研究的过程并得到研究结论，甚至形成一篇完整的学术论文，但选题的"散焦"会直接削弱整篇论文的学术价值，特别是会使其无法对相关研究与实践做出应有的贡献，从而直接导致投稿失败。

4. 怎样逐步聚焦选题

这个问题，我同样打算在本书后面关于选题的部分详细讨论，在此不具体展开。

前面说了这么多关于"选题范畴"和"选题"的内容,那么,究竟什么是"选题范畴"? 什么是"选题"? 下面,请你和我一起具体讨论一下吧。

表 1-9 中左栏所示的是"选题范畴"还是"选题"呢? 请根据你的理解, 在表中你认为正确的选项的方括号内打"√"。

表 1-9 判断下列描述是"选题范畴"还是"选题"

描述	选题范畴	选题
人工智能时代的高等教育变革	[ ]	[ ]
人工智能时代高等教育机构的组织变革	[ ]	[ ]
人工智能助力高等教育理工科课程的教学方式变革	[ ]	[ ]
人工智能技术在高校财务管理中的应用	[ ]	[ ]
人工智能技术促推高校宿舍管理	[ ]	[ ]
普通高校英语公共课中人工智能技术对教学交互深度的影响	[ ]	[ ]
基于人工智能技术的学习平台如何提升"大学英语"课程知识加工的深度	[ ]	[ ]
在人工智能技术支持下,"大学英语"混合式教学中学生学习行为的跟踪和评估	[ ]	[ ]
如何利用人工智能技术预测某所大学某门课程的期末考试及格率	[ ]	[ ]

第三节
神针之三:研究基本功

学术期刊论文的质量与学术研究的基本功紧密相关。研究基本功是否扎实,是审稿人评判一篇学术期刊论文的重要标准。换言之，虽然早在开始学术写作之前，就应该展开研究基本功的修炼，但因其对论文的质量影响之大，我觉得有必要在此做简单讨论。

如前所述，与学术写作密切相关的研究基本功主要涉及研究方法、研究设计、研究实施三个方面。下面，我就从这三个方面入手，和你一起来简单了解对学术期刊论文质量有重大影响的三项研究基本功。

一、研究方法

单从学术期刊论文的写作和呈现来看，好的研究方法应该至少具备三个特征：适用、规范、严谨。所谓适用，是指所选择的研究方法或研究方法的组合适用于该研究主题；所谓规范，是指研究方法的操作务必符合学术规范；所谓严谨，则是指在论文中呈现该研究方法时，应表述清晰，实事求是，务求不夸张、不含糊。

通常，学术写作者需要在论文的问题提出与聚焦部分之后、研究设计部分之前完整、扼要地阐述自己采用的研究方法，也需要在研究设计和实施的相关部分，分阶段谈及所用的研究方法。

这里我特别想要对你强调的是：审稿人在审读一篇学术期刊论文的时候，一定会特别关注文中对研究方法的呈现。他们希望看到作者如何通过关于研究方法的严谨表述，凸显该方法对该研究的适用性，并展示该研究如何在方法层面符合学术规范。可见，要想确保一篇学术期刊文章的质量，必须重视研究方法方面的基本功，并在文中恰如其分地体现出来。

二、研究设计

虽然在事实上，研究方法的确定已经是广义研究设计的一部分，然而研究设计的核心要素并不止于此。这里之所以专门讨论"研究设计"，实在是因为这个部分在学术期刊论文的审稿人眼里属于重中之重。

研究设计服务于整个学术研究过程，好的研究设计能为整个学术研究奠定坚实的基础，确保研究过程的规范、严谨，也能为你完成学术期刊论文的"研究设计"部分提供全部写作元素。由此可见，扎实的研究设计基本功何等重要！当你琢磨开始一篇学术期刊论文的写作，甚至当你开始一项学术研究工作时，请务必重视研究设计基本功的训练。

三、研究实施

当你确定研究方法、斟酌研究设计之后，就需要着手逐步完成研究实施的各个环节，直到最后获得研究发现，得出研究结论。研究实施过程是否顺利，当然直接关系整个研究的进展，紧接着也会直接影响你能否顺利撰写论文。从细节上来看，研究实施过程中每个步骤的具体操作，都将直接影响论文主体的架构和内容；而每个步骤的研究结果，更将直接影响论文中的研究发现与研究结论。

为了确保学术期刊论文的质量，你务必要在开始写作之前完成研究实施基本功的训练，更要在写作之前完成该项研究的实施，切忌边写作、边实施。从你开始实施研究的时候起，甚至从你磨炼研究实施基本功的时刻起，你接下来要完成的这篇学术文章能否合格、能否优秀，就已经被决定了。

第四节
神针之四：写作基本功

毫无疑问，写作基本功与学术期刊论文的质量密切相关。每篇论文的框架与行文的方方面面都在默默体现着作者的写作基本功。审稿人所感知到的写作基本功的高低，可能直接影响其对整篇论文的评判。

对学术期刊论文而言，写作基本功主要体现在论文框架、内容和语言这三个方面。就论文框架而论，完整、规范是其核心要义；就论文内容而论，焦点清晰、逻辑顺畅是其核心要义；就论文语言而论，简明扼要的书面用语是其首选风格。此外，这三个方面都毫无疑问应当符合相应的学术规范。

本书将在后面的章节中逐一介绍值得学术写作新手学习或了解的写作基本功的各项内容，本章就不做深入讨论了。

第二章 框架：
学术期刊论文的骨骼

本章导读

  毫无疑问，学术期刊论文的框架就是整篇论文的骨骼。框架立起来了，整篇论文也就立起来了；框架严谨、规范了，整篇论文也就像模像样了。

  本章将为你介绍学术期刊论文框架的评判标准、相关基本功及组成元素。本章具体的内容要点如图 2-1 所示。

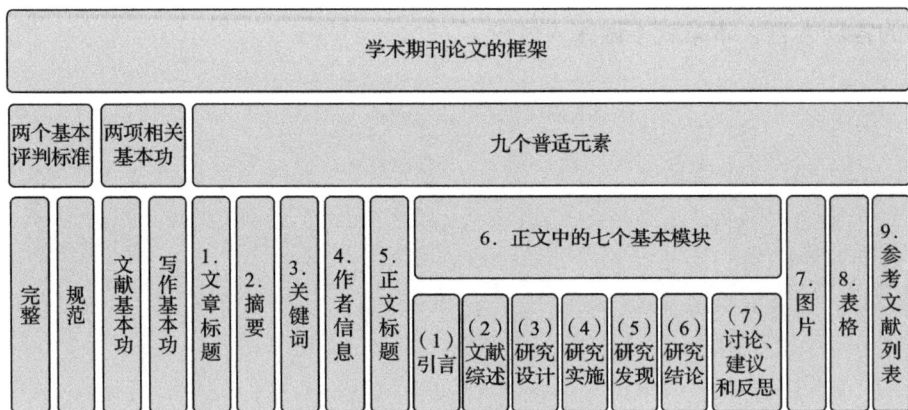

图 2-1　第二章的内容要点

  在本章第一节中，我将和你一起了解学术期刊论文框架的两个基本的评判标准，以及与之直接相关的两项基本功。在第二节中，我会把学术期刊论文框架分解为九个普适元素，请你逐一了解每个元素的特点。在第三节中，我会将学术期刊论文的正文分解为七个基本模块，和你一起依次了解各个模块的写作要点。在第四节中，我将深入介绍论文框架搭建中容易出现的问题，并根据学术期刊论文框架搭建的"三部曲"，从操作性层面探讨如何搭建一个漂亮的学术期刊论文框架。

如果能沿着这一章的学习路径踏实走到底，逐一完成各个任务，相信你很快就能轻松学会学术期刊论文框架的搭建。

那么，让我们一起努力，争取圆满完成本章的学习任务吧！

本章学习要点 >>

- 掌握学术期刊论文框架的基本评判标准。
- 牢记学术期刊论文框架搭建的相关基本功。
- 掌握学术期刊论文框架应包含的九个普适元素。
- 掌握学术期刊论文正文应包含的七个基本模块。
- 了解学术期刊论文审稿中常见的框架问题及其应对方法。
- 熟悉学术期刊论文框架搭建的基本步骤。

第一节
学术期刊论文框架：两个基本评判标准与两项基本功

一、两个基本评判标准

框架是学术期刊论文的骨骼。当你初次尝试学术期刊论文的写作，你需要先学会如何把整个论文的"骨架"立起来。一个漂亮的论文框架应该是完整而规范的。"完整"和"规范"既是学界对学术期刊论文结构的共识，也是审稿人评判学术期刊论文框架的基本标准。

1. 什么是完整的学术期刊论文框架

完整的学术期刊论文框架必须要素齐全，并且各个要素能够互相支撑，共同讲述一个完整的学术研究"故事"，让审稿人和读者可以方便、快捷、清晰地了解整个研究的情况。

2. 什么是规范的学术期刊论文框架

规范的学术期刊论文框架应该确保每一个元素以及全部元素的组合符合学界对学术期刊论文框架的共识，包括学术研究和学术写作两方面的共识。换句话说，当审稿人拿到一篇学术期刊论文时，会希望这篇论文的框架是"随大流"的：审稿人能轻松找到文中的各个元素，并高效评判各个元素的质量，最终给出对整篇论文的审稿建议。

学术写作新手要牢牢记住一点：审稿人通常并不会期待文章框架具有太多"个性化"或者"创新性"特征。甚至，超出规定范畴的个性化与创新的做法，很可能让审稿人认为作者缺乏必要的学术训练。

所以，学术期刊论文框架务求符合完整、规范这两个评判标准。请把创新的冲动留给论文的选题等部分吧。

二、两项基本功

在第一章中，咱们讨论了学术期刊论文写作的四项基本功。其中与学术期刊论文框架关系最密切的是文献基本功与写作基本功。

学术期刊论文框架的搭建并不只是"动手搭"就好。在搭建之前，你需要基于一定量的优秀文献去琢磨框架的模样。在这个过程中，包括精准检索、正确筛选、高效阅读、精确笔记、有效管理技能在内的文献基本功的水平，将直接影响你搭建学术期刊论文框架的进度与质量。

至于写作基本功，框架的搭建本身就是写作基本功的重要内容，无须多言。

第二节
框架中的九个普适元素

学术期刊论文的框架究竟应该是什么样子？严格来说，不同的研究主题、不同的研究方法很有可能需要不同的论文框架。这可麻烦了……作为一名学术写作新手，最初应该如何下手呢？

在这一节，我将提出九个普适性的框架元素，并根据每个元素的位置先将它们分为文前部分、文中部分、文后部分三类（见图 2-2），再逐一向你介绍各个元素。将这九个元素组合起来，就是一个不错的学术期刊论文框架啦！请你一定要留意各个元素的特点和审稿人的评判标准，因为越了解，越懂得如何搭建规范的框架。

图 2-2　学术期刊论文框架的九个普适元素

一、文前部分

学术期刊论文框架的文前部分主要包括论文标题、摘要、关键词、作者信息这四个元素。这四个元素有一个共同的特点：以最精练的文字，简明呈现文章的核心内容。这个共同特点决定了这四个元素的评判标准。

1. 论文标题

学术期刊论文通常只有正标题，但也有很多论文会加上一个副标题。正标题或者正标题与副标题的组合，需要用最精简的短语或短句来概括论文的核心与亮点。研究的主题、研究的方法、研究的对象、研究的重要结论都有可能出现在标题当中。学术期刊论文标题通常为 10～20 个字，一般不少于 5 个字。但字数的多少并没有规定，也不是评判文章标题质量的重要标准。

审稿人对论文标题质量的评判标准可以概括为"一眼可见，一眼可知"。具体来说，审稿人希望只要看一眼标题，就能明白作者在这篇论文里做了什么、怎么做的，甚至了解作者大体上得到了什么样的结论。如果你的论文标题达不到这样的标准，那一定是整篇论文的重大减分项！

在这里，你要特别注意正标题和副标题的搭配，二者要尽可能确保互相配合、互相补充，最好避免使用相同的字眼，避免出现相同或相似的内容要素。

什么时候要考虑增加副标题，什么时候不需要副标题？如果正标题不能完全囊括整个研究、整篇论文的核心与亮点，或者如果囊括所有核心与亮点就会导致标题过长，那么我建议你增加副标题，把一些相对次要的内容要素放到副标题中。但如果去掉副标题、仅保留正标题也能让读者充分理解这篇论文的核心内容，那这时候最好的选择还是去掉副标题。

标题中可不可以出现标点符号？当然可以！即使是学术文章，也可以在正文标题中恰当使用标点符号来表达一些诸如感慨、疑问的情绪，以吸引读者的注意。一般来说，学术期刊论文标题中常见的标点符号是冒号、破折号和顿号。

冒号分隔正标题中的不同部分，通常用来告诉读者：冒号前面或后面的标题文字，是用来具体化解释冒号另外一边的标题文字的。例如这样一个标题：

人工智能时代的职业教育：挑战迎面而来

破折号用来引出副标题。例如这样一个标题：

人工智能时代职业教育的挑战与应对——基于 50 所职教院校的调查

顿号也是标题中常见的标点符号，一般用来分隔同级别的内容关键词。例如这样一个标题：

人工智能时代职业教育的挑战、困境与应对

问号在标题中虽然不常见，但也偶尔能够见到。近来颇有一些学术期刊论文用带问号的短句作为标题，以更有效地吸引审稿人和读者的注意。例如这样一个标题：

人工智能技术应用如何促成职业院校教师的角色转型？

引号在标题中同样不常见，通常用来凸显或强调该论文的亮点。例如这样一个标题：

人工智能时代职业教育院校的"冷"与"热"

一点提醒： 为什么要如此重视论文标题？

　　我想再次提醒你：标题的意义不仅在于方便审稿人和读者了解论文内容，更是为了向审稿人展示作者良好的学术写作素养——这一点何其重要！不管标题结构如何、采用了什么标点符号，都要确保论文标题的精练、简洁、完整。

聊到这里，你一定急于明确地知道那些让读者感兴趣、让审稿人眼前一亮的漂亮标题到底是什么样的。但是，我觉得很难简单举例说明什么样的标题是漂亮的、吸引人的。不过，如果按照下面的步骤完成这个任务，也许你会对"漂亮的论文标题"产生形象的感知。甚至未来当你需要拟定自己的论文的标题时，你会知道去哪里寻找学习榜样。既然如此，那就一步一步做起来吧!

（1）选一个你自己感兴趣的研究方向，最好是你今后打算研究下去的一个研究方向。这个研究方向越具体越好、越聚焦越好。如果你能直接聚焦到一个研究选题上，那你可以考虑跳过后面关于选题的章节。现在，把你确定的研究方向写在下面。

我感兴趣的研究方向是：

_____。

（2）把这个研究方向拆分成 2～3 个主题词，同样写在下面。

主题词 1：_____

主题词 2：_____

主题词 3：_____

（3）参照前一章学习的检索技巧，登录中国知网，用这几个词进行主题检索，然后按照被引量的高低，对近五年的文献进行排序。

（4）注意最靠前的 20 篇文献，将它们下载下来，作为范本保存在同一个文件夹里。

（5）仔细研读这 20 篇文献的标题。这些标题一般具备不错的吸引力，是值得你反复琢磨的。特别要留意这些标题的长短、表述，以及其中频繁出现的字眼。当你自己开始写文章、拟定标题的时候，可以用心模仿这些标题。

2. 摘要

一份合格的摘要应当能够高效率呈现一篇学术期刊论文的概貌，并恰如其分地浓缩整篇论文的精华。

对于审稿人而言，阅读论文的摘要是其正式开展审稿工作的第一步，也是至关重要的 步：如果摘要中要素齐全而且无瑕疵，这篇论文将很有机会进入下一个审稿环节；如果摘要简陋、粗糙、随意，这篇论文的审稿流程很可能就止步于此了。对于读者而言，阅读论文的摘要也是其决定是否继续精读全文或是否引用文章的重要步骤。因此，务必要非常严肃、非常严谨地对待论文摘要的撰写。

学术期刊论文的摘要分为中文摘要和英文摘要。虽然不是所有学术期刊都要求作者提供英文摘要，但还是建议你提前准备好。中文摘要和英文摘要应当是同一份摘要的不同语言版本：二者在内容和风格上应尽量保持一致。

中文摘要通常在 300 字左右。不同的学术期刊可能会有不同的字数要求，有的期刊要求 300 字以内，有的期刊要求 500 字以上，少数期刊不限制摘要的字数。

请你在投稿时一定要严格参照目标期刊的具体要求，认真调整摘要的篇幅。

当你初次撰写论文的摘要，特别是在没有确定目标期刊的情况下撰写摘要时，可以将摘要写得略长，比如 300 ～ 400 字，这样可能更方便你后续根据目标期刊的要求调整摘要字数。

一篇规范的学术期刊论文的摘要需要包含几个关键而必需的要素。为了方便你理解和记忆，我将这些要素概括为时间、地点、主角、事情、结果。这五个要素分别对应着学术文章所涉研究的各项内容，具体如表 2-1 所示。

表 2-1　摘要五要素及其对应的研究内容

摘要的要素	对应的研究内容
时间	总体研究所处的时代背景；该项具体研究开始和结束的时间
地点	该项具体研究涉及的物理地点或网络地点。如果是文献研究，网络地点指所采用的数据库
主角	研究对象（包括作为样本的人或文献）
事情	研究方法；研究工具；研究步骤；研究发现
结果	研究结论；反思与展望

从上面的表格中可以看到，这五个要素基本覆盖了一项学术研究的主体内容，因而也覆盖了一篇学术论文的主体内容。如果将这五个要素串联起来，你就能得到一份基本完整的学术期刊论文摘要。如果这五个要素有所缺漏，势必影响审稿人和读者对全文精华的了解。

需要提醒你的是：论文摘要还有一些需要遵循的规范，我将在后面讨论学术论文规范的时候着重讲述。当然，你可以暂停本章的阅读，先跳到后面关于规范的章节，去了解学术期刊论文摘要涉及的规范。

毫无疑问，将完善的中文摘要直接翻译成英文，你就能得到一份基本合格的英文摘要了。英文摘要通常直接放在中文摘要和中文关键词的后面。英文关键词则紧随英文摘要。

■■ |任务2-2| 合格的学术期刊论文摘要是什么样的？

在前一项任务中，你应该已经下载了20篇文献。接下来，你将围绕这20篇文献完成这项任务。

（1）认真研读这20篇文献的摘要，粗略了解它们是如何表述、如何架构的。

（2）选择其中你觉得最吸引你的5篇文献，把它们的摘要拆分成时间、地点、主角、事情、结果5个要素。最好能用表格提炼这些要素。表2-2是一个可以满足基本需求的摘要拆分表格模板，供你参考。

表2-2　摘要拆分表格模板

文献序号： 文献标题：	
摘要的要素	对应的研究内容
时间	
地点	
主角	

摘要的要素	对应的研究内容
事情	
结果	

（3）将5篇文献的摘要拆分表格横向对比，反复研读，体会其如何表述各个要素，又如何将各个要素衔接起来。

一点提醒： 已发表的学术论文的摘要一定很完美吗？

答案当然是否定的。即使是刊载在核心期刊上的学术论文，即使是高被引量的学术论文，都不一定完美地完成了摘要的写作。在拆分高被引量的文献摘要的任务中，你可能对此已经有所感触。

不过，为了使自己的学术发表之路尽可能平稳、踏实，多花一点时间学习摘要的写作还是非常有必要的。作为一名学术写作新手，你最起码要掌握如何写出一份要素齐全的摘要。

3. 关键词

关键词是学术期刊论文不可缺少的部分，虽然其仅在全文中占据 1～2 行，但是关键词恰当与否会直接影响期刊编辑和审稿人对论文的判断。此外，大家经常采用关键词检索方式在文献数据库中检索文献，因此，关键词的质量更会直接影响论文被检索到的机会的大小。可见，关键词值得你在写作时反复斟酌。

关键词通常提取自学术论文的研究背景、研究主题、研究范畴、研究问题、研究方法、研究结论等，多为与研究背景、研究主题、研究范畴相关的词，这一点几乎是大家的共识。我还想提醒你的另一点是：与研究相关的政策、法规、国家级工程名称等都可以放入关键词，比如《中国教育现代化2035》《2015—2025年教育发展战略》《中小学教育惩戒规则（试行）》《未成年人学校保护规定》《中华人民共和国民办教育促进法实施条例》和现代远程教育工程等。

一篇论文关键词的数量通常为3～8个，但不同的期刊会有不同的具体要求。在没有确定目标期刊的时候，我建议你确定5个左右的关键词，因为这个数量可能会比较方便最后根据目标期刊的具体要求进行增减调整。

越来越多的学术期刊要求作者在提交论文时同时附上英文关键词。不管你的目标期刊是否明确提出了这个要求，我都建议你在投稿时即附上英文关键词。英文关键词应当放在中文关键词的后面，并在数量和内容上和中文关键词一一对应，这一点务必牢记！

一点提醒： 坚决扔掉无效关键词！

一篇论文的关键词数量是有限的。无效关键词的出现当然会减少有效关键词的占比，更会严重影响审稿人的观感，而且最终会影响论文发表后被检索进而被引用的机会。因此，要坚决扔掉无效关键词！

什么是无效的关键词？不与研究背景、研究主题、研究范畴、研究问题、研究方法、研究结论等直接相关的词，特别是过于宽泛、含糊的词，若放入关键词中，就是无效的关键词。

虽然我没办法明确告诉你具体哪些词是有效的、优质的关键词，但是根据过去积累的审稿经验和阅读经验，我可以帮你列出常见的无效关键词，如表 2-3 所示。需要说明的是：关键词是有效还是无效，不可以一概而论，需要根据论文的具体情况来判断。

表 2-3 常见的无效关键词

无效关键词示例
应用；关系；经验；对比；问题；应对；对策；反思……
发展；趋势；期望；展望；前景……
教育；专业；学科；培养；质量……
新技术；信息技术；互联网；因特网……
发现；政策；标准；策略……
实践；现实；路径；困境……
理论；框架；分析；思考……
中学；小学；中小学；大学；高校……

|任务 2-3| 什么是无效的关键词？

在任务 2-1 中，你已经下载并保存了 20 篇文献。请逐一打开这 20 篇文献，查看每篇文献的关键词，思考一下哪些关键词是有效的，哪些是无效的。

为了加深印象，可以把你认为无效的关键词记录下来：

（　　　　　　　）（　　　　　　　　　）

（　　　　　　　）（　　　　　　　　　）

（　　　　　　　）（　　　　　　　　　）

（　　　　　　　）（　　　　　　　　　）

（　　　　　　　　　　　）（　　　　　　　　　　　　）

（　　　　　　　　　　　）（　　　　　　　　　　　　）

当然，这项任务也是在提醒你：即使是被引量数据最好的文献，关键词也可能存在缺憾。但是，无论如何，为了让自己的论文更顺利地通过审稿流程，并被更多读者关注，你还是有必要仔细斟酌论文的关键词。

4. 作者信息

在刊登出来的学术期刊论文中，作者信息是必不可少的。通常，学术期刊需要作者提供姓名、职称、学位、是否硕士生导师或博士生导师、工作单位、联系方式、开放研究者与贡献者身份识别码（Open Researcher and Contributor ID，ORCID）等信息。

关于作者信息，你需要注意如下几个方面。

- 最好能按照署名顺序，分别提供作者信息。
- 职称的表述要符合国家职称制度的规定。比如，教师的职称为"讲师""副教授""教授"等；不要用俗称或者简称，如"中级""副高""正高"等这样的表述就不够准确。
- 学位的表述也要按照《中华人民共和国学位条例》来规范，比如"博士""硕士"；未取得学位的在读学生，也需要注明"博士生""在读博士"或者"硕士生""在读硕士"，不可含糊。
- 工作单位的信息可以具体到工作的部门，最好包括详细的邮寄地址，并附上邮政编码。

- 联系方式应完整并包含有效的手机号码、座机号码（含区号）、电子邮箱。

- 关于开放研究者与贡献者身份识别码（ORCID），目前国内不是每家期刊都需要作者提供。

没错，不同的学术期刊对需要提供的作者信息具体项目的规定有所不同。你可以根据该期刊最新刊登的论文中包含的作者信息，或者根据该期刊最新发布的"投稿须知"中的相关规定，来确定自己应在定稿中附上何样的作者信息。

一点提醒： 听说有的学术期刊不让在稿件中附上作者信息？

> 这样要求的学术期刊还挺多的，主要是为了送盲审的时候不透露作者信息。有此要求的期刊通常会在投稿须知中说明。向此类期刊投稿的时候，千万要注意去掉稿件中的任何作者信息，以方便编辑收到稿件后提交双盲审稿。
>
> 当然，这样的期刊也会在审稿平台上设定好收集作者信息的环节，你只要在投稿时按步骤逐一填写就行了。

二、文中部分

学术期刊论文框架的文中部分主要包括正文标题、正文、图片、表格四个元素。这四个元素有一个共同的特点：以最规范的模样，共同呈现论文的完整面貌。这个共同特点也决定了这四个要素的评判标准。

1. 正文标题

正文标题是指正文中的各级小标题，它们互相配合，层层递进，共同搭建了整篇论文的主体框架。审稿人审读到正文内容时，往往也会着重留心各级小标题，先从正文标题中提取各部分的核心内容，再择要细读。

为此，我要特别提醒你注意：正文标题首先应当表述清晰、重点突出，同时还应当风格统一、长度适中。什么样算是风格统一？这可能还比较容易直观地判断。但是，什么样的表述才算是"清晰"？什么长度算是"适中"？这恐怕就因论文而异了，的确无法精准说明。只有多阅读优秀的学术期刊论文，你才能逐渐做出自己的判断。

关于正文标题，最容易评判、最显而易见的是标题的层级数量是否合适。我通常建议新手作者在初次写作时，尽量将正文标题确定为三级。对包括审稿人在内的读者来说，三级标题适于阅读；而对作者自己来说，三级标题则相对容易掌控。

不同期刊会采用不同的正文标题格式，其中最常见的有两种。

一种是中文数字序号排列，如表 2-4 中左栏所示；另一种是阿拉伯数字序号排列，如表 2-4 中右栏所示。在投稿之前，最好能根据目标期刊"投稿须知"中的相关规定，调整好自己论文的正文标题格式。

表 2-4　正文标题的两种格式

采用中文数字序号的三级目录	采用阿拉伯数字序号的三级目录
一、一级正文标题	1　一级正文标题
（一）二级正文标题	1.1　二级正文标题
（二）二级正文标题	1.2　二级正文标题
1．三级正文标题	1.2.1　三级正文标题
2．三级正文标题	1.2.2　三级正文标题
二、一级正文标题	2　一级正文标题
（一）二级正文标题	2.1　二级正文标题
（二）二级正文标题	2.2　二级正文标题
1．三级正文标题	2.2.1　三级正文标题
2．三级正文标题	2.2.2　三级正文标题
3．三级正文标题	2.2.3　三级正文标题
4．三级正文标题	2.2.4　三级正文标题
（三）二级正文标题	2.3　二级正文标题
三、一级正文标题	3　一级正文标题
（一）二级正文标题	3.1　二级正文标题
1．三级正文标题	3.1.1　三级正文标题
2．三级正文标题	3.1.2　三级正文标题
（二）二级正文标题	3.2　二级正文标题

一点提醒： 如果目标期刊没有明确规定投稿用哪种正文标题格式，怎么办？

有时候，目标期刊没有明确要求投稿人选用哪一种正文标题格式。那么，你投稿的时候该怎么办呢？

不妨登录中国知网，搜索目标期刊最新发表的论文，参考其采用的正文标题格式。

一点提醒： 请一定不要混用不同的正文标题格式！

既然存在不同的正文标题格式，那么，你在写作的时候就需要特别注意，不要把不同的格式混在一起使用，以免影响审稿人对整篇论文架构、对作者学术素养的观感，甚至造成审稿人的误读。

■■ **|任务 2-4|** 已经发表的学术期刊论文采用了什么样的正文标题格式?

请你找到你在任务 2-1 中建立的文件夹, 打开其中的文献, 速读一遍, 挑选其中典型的文献, 将其正文标题按层级摘录下来。摘录笔记可以参考表 2-5 所示的模板。

表 2-5　学术期刊论文正文标题摘录笔记模板

文献编号: 1
文献标题:
正文标题:
文献编号: 2
文献标题:
正文标题:

······

你将从摘录笔记中看到，不同的学术期刊论文确实采用了不同的正文标题格式，而且可能还不限于前面我介绍的那两种。在实际的写作当中，你可以尝试不同的正文标题格式，以便快速掌握不同的格式，并且摸索出最顺手的那一套格式。

2. 正文

正文是整篇学术期刊论文的主体。审稿人能从正文中获得关于所涉及研究的最全面的信息、最完整的印象。因此，正文的风格和结构需要充分具备学术论文的特点。

在风格方面，除了应当合乎研究规范和研究实际之外，学术期刊论文正文还要特别注意语言风格上的学术化，注意选择合适的标点，注意避免不必要的语气词，尽全力戒除口语化的表达。此外，还需要提醒你：网络化的语言不但很难让审稿人"点赞"，还很有可能让审稿人质疑作者的学术素养，所以，正文中最好不要出现网络化的语言！

■ |任务 2-5| 什么是口语化、学术化？

关于学术期刊论文正文的语言风格，究竟什么样的表达是口语化的，什么样的表达才算是学术化的？这很难一概而论。我希望你通过完成这项任务，能对口语化和学术化的表达有直观的了解。

（1）表2-6列举出一些句子，请你判断它们当中哪些是口语化的表达，哪些是书面化的表达，并在对应的方括号中打上"√"。

表2-6　正文语言表述的风格与举例

举例	这个例子有着怎样的语言风格	
国内外关于这个主题的研究已经非常多了。	口语化〔　〕	学术化〔　〕
国内外学者就此开展了丰富的研究。	口语化〔　〕	学术化〔　〕
我没有搜索到与此相关的研究文献。	口语化〔　〕	学术化〔　〕
在某某数据库中，鲜见与此相关的研究文献。	口语化〔　〕	学术化〔　〕
这些年来，人工智能的教育应用受到了众多政策制定者和实践者的关注。	口语化〔　〕	学术化〔　〕
近年来，人工智能的教育应用在政策与实践层面已然广受关注。	口语化〔　〕	学术化〔　〕
本文主要研究了近年来职业教育领域人工智能应用方面的英文期刊文献，从这里面归纳出了这个领域的研究发展现状。	口语化〔　〕	学术化〔　〕
本文拟聚焦近年来职业教育领域人工智能应用的相关英文期刊文献，据此探讨该领域的研究发展现状。	口语化〔　〕	学术化〔　〕

（2）请你再次逐一打开你在任务2-1中下载并保存的20篇文献，阅读每篇文献的正文，将你觉得足够"学术化"的句子或者短语记在表2-7中。将来，当你开始学术写作的时候，不妨对其进行模仿。

表2-7　"学术化"句子/短语笔记

我在文献中发现的"学术化"句子/短语有：
●
●
●
●
●
●
●
……

在结构方面，学术期刊论文正文的段落应长短合适。段落的长短是你在写作时需要斟酌的细节之一。在已经发表的学术期刊论文中，鲜见一两行的段落，

也鲜见上千字的段落。一般来说，在不影响观点表达的前提下，200 ～ 400 字的段落更便于阅读和理解。少于 200 字的段落太多，容易让整篇论文看起来零散；多于 400 字的段落太多，则容易使论文中的重要观点淹没在冗长的阐述中。对段落长短的把握，也能反映出作者是否经历过足够的学术写作训练。因此，当你开始尝试学术写作的时候，不妨试着控制一下段落的字数。

3. 图片与表格

在学术期刊论文中，图片与表格往往和文字相映成趣、互为助力，共同完成对研究数据的呈现、对研究发现的介绍，或者对研究结论的诠释。图片与表格都是学术期刊论文中的重要元素，一旦出现，审稿人，特别是期刊编辑，会对这两个元素进行认真的审读。

学术期刊论文中的图片包括图片名称和图片本身这两个要素。请注意：图片名称要放置在图片本身的正下方，图片名称和图片本身通常居中放置。

学术期刊论文中的表格包括表格名称和表格本身这两个要素。请注意：表格名称要放置在表格本身的正上方，表格名称和表格本身通常靠左放置。

图和表的呈现还有一个共同的要点：一定要在正文中先提及，再呈现相应的图或表，切忌光有图或表，但在正文中从不提及，这是非常不规范的做法，会显得它们的出现非常突兀甚至显得多余；也不要在正文中对图或表中呈现的内容逐字、原样重复，这样会显得行文拖沓，浪费版面，也浪费审稿人和读者的时间。

在这一部分，我不再专门设计关于图片和表格的任务，不过还是建议你重新打开你在任务 2-1 中建立的文件夹，翻看里面的 20 篇文献，实际了解一下学术期刊论文中图片和表格是如何呈现的。

三、文后部分

学术期刊论文框架的文后部分主要是参考文献列表。和文前部分、文中部分相比，文后的参考文献列表只需要做到"规范"和"规整"即可。审稿人和期刊编辑也主要是从这两点出发去评判这一部分的。

一篇学术期刊论文的参考文献通常既包括中文文献，也包括英文文献。当写作进行到这个部分时，你要做的就是按照一定的规范，把正文中引用过的中文文献和英文文献有序排列并呈现出来。

一点提醒： 正式引用过的文献才算是"参考文献"！

请你一定要牢记这一点：只有在正文中正式引用过的文献，也就是说，正式标引过作者姓名及其观点或研究发现等的文献，才算是"参考文献"。

那些在你研究和写作时曾经给过你启发，但在正文中并未正式引用的文献，就不能放入文末的参考文献列表了。

关于参考文献列表的规范，我会在后面的章节专门介绍。在此，你只需要牢记参考文献列表的必要性，并根据下面的任务，初步了解参考文献列表的样式。

■■ **|任务 2-6|** 参考文献列表都是什么样的？

再次打开你在任务 2-1 中建立的文件夹，逐一查看每篇文献的参考文献列表。然后，动动笔，在表2-8中做一做笔记，在对应的方括号中打"√"。

表2-8　参考文献列表样式的笔记

期刊名称	中英文参考文献的顺序			参考文献实例
	中文在前	英文在前	中英文混杂	
	[　　]	[　　]	[　　]	中文文献：
				英文文献：
	[　　]	[　　]	[　　]	中文文献：
				英文文献：
	[　　]	[　　]	[　　]	中文文献：
				英文文献：
......				

第二节
正文中的七个基本模块

前面我从九个普适元素入手，向你介绍了学术期刊论文整体框架的组成。但是，这九个元素似乎并没有涉及论文的实质性、研究性内容。这可能会让作为新手的你有点困惑：正文究竟应该是什么样子？因此，我将在这一节为学术写作新手提供一个更具体的、与论文内容更贴近的正文框架。

学术期刊论文的正文可以拆分为前后连贯的七个基本模块：引言、文献综述、研究设计、研究实施、研究发现、研究结论，以及讨论、建议和反思。下面，请你和我一起来逐个了解每个模块的功能、组成、评判标准和注意事项。

一、引言

学术期刊论文正文的"引言"常常也叫"介绍",或者被简单地标记为"第一部分",偶尔也会不设标题,仅作为正文最前面的一个段落。

"引言"模块通常包括实践背景、研究背景、政策背景、研究问题的初步提出这4个部分,总体长度通常为1～3个段落不等,多为1个段落。引言主要用来提示该项研究的背景,为凸显该项研究的价值或意义做好铺垫,并常常会使用精练而且精彩的语言迅速吸引审稿人和读者的注意。

因此,审稿人对"引言"模块的评判标准如下。

- 是否确实提供了对整个研究背景情况的完整介绍?
- 表述是否扼要、聚焦、逻辑清晰?
- "引言"的最后是否能与研究问题有机联系起来?
- 语言是否流畅,并且略有文采?

一点提醒: 引言虽短,但值得重视!

虽然仅仅是一个开头,甚至可能仅有一两个段落,但引言在整个正文中承担起了构建第一印象的重要任务,因此值得你重视起来。特别要注意使其逻辑顺畅、切中主题,最好能有点文采。反复斟酌"引言"模块,多修改几次,一定是很值得的!

"万事开头难"，要写好引言也很不容易。最有效的做法是：先找到可以作为模范的"引言"样板，反复琢磨其结构与起承转合；然后亲手实践，敲动键盘，模仿样板写一份引言；最后反复修改，在修改中提升自己对这个部分的理解和把握。这样的步骤适用于任何写作。

为了方便你正式开始写作引言，我为你设计了下面这个小任务，看起来烦琐，但是从我积累的经验来看，这样的实际操作能帮你收集方便借鉴的模板，也能帮你由此扎实起步。试试看吧！

■ |任务 2-7| "引言"模块的起步

这一次，还请你打开你在任务 2-1 中建立的那个文件夹，按下面几个步骤完成任务，开始尝试引言的写作。

（1）逐一浏览文件夹中的 20 篇文献，特别留意每篇文献的引言。

（2）建立一个新的 Word 文档，用于摘录每篇文献的引言，特别是你觉得很精彩的引言，作为你的"引言"模范。

（3）对摘录出来的每份引言，用你觉得顺手的方式标记出其中的要点，比如"研究背景""实践背景""政策背景""问题的提出"等。标记完毕后，比照一下不同的优秀引言，看看它们有哪些共性，又是否各有特点。

（4）如果有可能，选一个你觉得有兴趣的学术论文主题，尝试为其写一写引言。

（5）如果你暂时还没有感兴趣的主题，在能作为模范的引言中选择其一，基于其文章主题，尝试写一份你自己的引言。写完之后，和模范引言对照一下，看看自己写的引言在哪些方面超越了它，又在哪些方面有一些不足。

二、文献综述

学术期刊论文正文的"文献综述"模块常常也叫"文献概述"等。有些作者会考虑将文献综述和引言合并起来。但是，如果是刚开始学习学术写作的新手，最好还是按部就班，先学会一步一步走。

一点提醒： 文献综述不可缺！

关于"文献综述"这个模块，最常见的问题是：整篇论文中根本没有这个模块！这可能与大家的不重视有关，很多人都会觉得没有经过对文献的综述，一样可以提出研究问题。

但事实上，这样的想法直接暴露了写作者对学术研究的陌生。一篇学术期刊论文如果缺失文献综述，会让审稿人质疑研究问题是否立得住，进而质疑论文作者是否有起码的学术素养。所以，请务必重视这个模块。

"文献综述"模块通常包括综述的焦点／切入点、文献的获得方式、纳入综述的文献的情况、从文献中提炼出的观点及由此聚焦出的研究问题这几个部分，总体长度与所要综述的内容相关，通常包括数个段落。文献综述主要用来评述已有研究成果，为本研究搜寻主题、方法等方面的启示，帮助本研究切实聚焦问题，并顺理成章地明确提出研究问题。如果是定量研究，还可以根据综述的结果，初步确定研究假设。

归结起来，审稿人对"文献综述"模块的评判标准如下。

- 所采纳的文献是否具有足够的学术典型性？

- 是否以评述为主，还是仅仅简单堆砌文献中的观点？

- 在评述文献时是否有清晰的逻辑线？

- 文献综述的结果能否帮助该研究聚焦问题，并顺理成章地推出研究问题？

一点提醒： 文献综述要重评述、勿堆砌！

关于文献综述，我在此有一个重要提醒：千万不要满足于文献的堆砌！

单纯把筛选出的文献中的观点逐一摆在论文中，而不基于此开展必要的提炼和点评，不去归纳已有研究的长与短，不能据此体现出本研究相对已有研究的价值，不能由此自然得出本研究的研究问题，这样的"文献综述"模块就很失败了。

写好文献综述的有效做法和写好引言的有效做法几乎是一样的，只是写作过程中需要多多阅读和分析文献。接下来，就按照下面这个任务的步骤，了解和尝试"文献综述"模块的写作吧。

|任务 2-8| "文献综述"模块的起步

在此，还是要请你打开你在任务 2-1 中建立的文件夹，然后完成以下步骤。

（1）从中选择 5 ～ 10 篇"文献综述"模块写得比较出色的文献。

（2）建立一个新的 Word 文档，准备做笔记。针对这些文献的"文献综述"模块，提取出其结构上的要点，比如文献综述的切入点、文献的筛选方式和筛选结果、作者评述文献时的主要观点，以及由此得到的研究问题，将这些要点及其相关内容记入笔记中。

（3）对照这些文献的"文献综述"模块，比较不同的作者是如何架构和写作这个模块的。特别留意其中有没有方便你模仿的样例，如果有，把它记录下来。

（4）如果有可能，基于任务 2-7 中确定的学术论文主题和已经完成的"引言"模块，实际练习一下"文献综述"模块的写作。

（5）或者，选择这些文献中你觉得"文献综述"模块不够完美的一篇，根据前面了解到的相关特点与评判标准，总结该"文献综述"模块的不足，然后动动手，替作者修改、提升这一模块。

三、研究设计

学术期刊论文正文的"研究设计"模块是整个正文里受到的关注最多的部分之一。论文的作者务必反复斟酌这一模块，因为审稿人和期刊编辑必定会对这一模块进行仔细研读。

对大部分实证研究论文来说，"研究设计"模块包括研究的理论基础、研究方法、所构建或所采纳的分析框架、研究样本、研究阶段、各阶段涉及的数据获取与分析技术、研究数据类型、预计获得的研究发现、信度效度的检验等。

而在思辨型论文中，"研究设计"模块的内容可能融合在开篇之后的阐述中，而且通常不包含实证性的样本数据情况等。

"研究设计"模块虽然重要，但篇幅往往只有一两个小段落，用以呈现最重要的研究思路和规划，是整个研究的灵魂。如果研究设计严谨而精巧，将充分赢得审稿人的信任。特别是在论文其他部分有瑕疵的时候，审稿人也会优先考虑给这样的论文修改机会。对读者，特别是对后来的研究者而言，表述清晰的"研究设计"模块可以成为他们开展相关研究的重要参考。

审稿人对"研究设计"模块的评判标准与该模块的特点紧密相关，主要包括以下几条。

- 是否完整包含必须的研究设计元素？
- 每一个元素是否与本研究的主题和情境相契合？
- 各个元素是否也能互相契合、符合逻辑？
- 每一个元素的表述是否规范、严谨、扼要？

一点提醒： "研究设计"模块一定要符合研究实际！

当你撰写论文的时候，你可能清楚"研究设计"模块要规范、要严谨、要完备。但是，当你之前做研究的时候，也许因为经验不足或者资源有限等原因，你的研究设计中有这样那样的缺憾甚至缺陷。如果到了写作过程中，你才意识到这些缺憾、缺陷，你应该怎么办？这时候，千万不要试图在论文中篡改已经完成的研究设计，否则就是严重的学术不端！

如果是不伤及根本的研究设计缺憾，不妨在最后的"讨论、建议和反思"模块诚恳地坦白，并建议后来者在此基础上做出更完善的研究设计。

如果是严重的研究缺陷，后期根本无法通过正当途径加以弥补，那么，你该做的是停止写作，勇敢放弃有缺陷的研究，即使曾经耗费了大量精力和财力。当然，你也可以在现有基础上修改研究设计，开始新的、更完善的研究。

其实，这也是在提示你：研究设计需要谨慎、再谨慎，很有必要多花一些时间和精力反复斟酌研究设计，确认没有不该出现的缺陷，再开始实施研究。

既然"研究设计"模块的内容应当与研究实际吻合，那么，这一模块的写作质量当然也与研究设计的实际情况紧密相关。优质的"研究设计"模块离不开现实中已经完成的优质的研究设计，而后者还需要你在学术写作的学习之外开展更全面的学术研究的学习与操练，但这就不是本书要实现的目标了，我只打算关注学术写作中的"研究设计"模块。接下来，请你和我一起完成下面的任务，尝试"研究设计"模块的写作吧。

▌ |任务 2-9| "研究设计"模块的起步

打开你在任务 2-1 中建立的范本文献文件夹，然后进行以下步骤。

（1）从中选择"研究设计"模块写得出色的文献，以及该模块存在缺憾的文献。没错，即使是已经发表的学术期刊论文，也可能存在研究设计方面的不足。

（2）建立一个新的 Word 文档，准备做笔记。针对这些文献的"研究设计"模块，提取出其结构上的要点，将这些要点及相关内容逐一记入笔记中。

（3）对照这些文献的"研究设计"模块，比较不同的作者是如何架构和写作这个模块的。特别留意其中有没有方便你模仿的样例，如果有，把它记录下来。

（4）如果有可能，基于你在任务 2-7 中确定的学术论文主题和已经完成的"引言""文献综述"模块，实际练习一下"研究设计"模块的写作。

（5）或者，选择这些文献中你觉得"研究设计"模块有缺憾的一篇，根据前面了解到的相关特点与评判标准，总结其"研究设计"模块的不足，然后动动手，帮作者修改、提升这一模块。

四、研究实施

学术期刊论文正文中"研究实施"模块的内容是对"研究设计"的具体实践，用来向审稿人及读者按步骤呈现实际的研究过程，以供他们评判研究本身的质量，并可供后来的研究者作为改进或深入研究的参考。在有些论文中，"研究实施"模块会与"研究设计"或"研究发现"模块融合。

不论如何处理"研究实施"模块的位置，你一定要注意的是：必须让审稿人和读者轻松找到研究过程的每一个步骤及每一步的具体内容，包括采用了什么样的具体研究技术，针对哪些样本做了什么样的操作，获得了什么样的数据或资料，等等。

审稿人对"研究实施"模块的评判标准主要包括以下几条。

- 每一个步骤的实践与研究设计是否吻合？
- 每一个步骤的操作是否规范、严谨？
- 整个模块的表述是否简明、扼要？

一点提醒： "研究实施"模块的篇幅宜短不宜长！

论位置，"研究实施"模块不如前面的"引言"模块和"文献综述"模块、后面的"讨论、建议和反思"模块那么显眼；论吸引力，可能也比不上前面的"研究设计"模块和后面的"研究结论"模块。但是，这个模块又是必不可少的，否则审稿人会质疑作者究竟有没有实施研究设计中的各个步骤，甚至怀疑整项研究的真实性。

那么，这样的一个模块该怎么写？我的建议是：宜短不宜长，宜简不宜繁。换句话说，只要覆盖了全部该有的实施要素即可，语句必须尽可能精练，突出重点。

和前面几个任务一样，下面这个任务还是按照借鉴并模仿的思路，帮助你了解"研究实施"模块的写法并动手尝试。

■ |任务 2-10| "研究实施"模块的起步

没错，还是要打开你在任务 2-1 中建立的范本文献文件夹，进行下面的步骤。

（1）从中选择"研究实施"模块写得出色的文献。

（2）建立一个新的 Word 文档，准备做笔记。针对这些文献的"研究实施"模块，提取出其结构上的要点，将这些要点及相关内容逐一记入笔记中。

（3）对照这些文献的"研究实施"模块，比较不同的作者是如何架构和写作这个模块的。特别留意其中有没有方便你模仿的样例，如果有，把它记录下来。

（4）如果有可能具体实践你在任务 2-9 中完成的研究设计，就请你根据已完成的研究实施过程，试着写一写"研究实施"模块。

（5）如果还没做研究、还不能动手写，那不妨选择这些文献中你觉得"研究实施"模块有缺憾的一篇，根据前面了解到的相关特点与评判标准，总结其"研究实施"模块的不足，然后动动手，帮作者修改、提升这一模块。

五、研究发现

学术期刊论文正文的"研究发现"模块是整个正文中一定会被读到的部分，不论是审稿人还是普通读者，都会想要搞清楚这项研究到底发现了什么不一样的东西。研究发现一定要单独作为正文中的一个部分明确呈现出来，其篇幅长短因论文而异，不过因为其需要说明各个研究发现涉及的证据，因而通常会占用较长篇幅。

研究发现是整项研究的精髓所在，也是后面获得研究结论的重要依托。在整项研究分步骤实施完毕后，自然而然获得有价值、有亮点的研究发现，这个过程充分体现了作者的研究功底。

"研究发现"模块主要由研究证据及由此证据自然获得的研究发现组成，具有较强的客观性。通常是先用一句话阐述研究发现，然后说明缘何获得这一研究发现，相关的研究证据（包括数据和资料）都有哪些。

审稿人对"研究发现"模块的评判标准如下。

- 全部研究发现是否确实源自研究过程？
- 全部研究发现是否与研究问题紧密联系，与研究设计和实施过程吻合？
- 不同研究发现是否存在必要的逻辑关系，能否相互支持？
- 每个研究发现的表述是否足够精练，要点是否突出？

一点提醒： "研究发现"模块值得细思量，勿匆忙！

当写作进行到"研究发现"模块，大部分写作者都会忍不住有点欢欣鼓舞，特别是写作新手。但是，我想要提醒你的是：走笔至此，一定要按捺住内心的兴奋，细思量，多斟酌，切勿匆忙，切忌草率。

在这个模块中，"聚焦"是要考虑的第一件事情，散乱的几个研究发现简单铺陈在这里，肯定是审稿时的重大减分项。每一个研究发现务必紧密联系研究主题和研究问题。"逻辑"是要考虑的第二件事情，各研究发现必须构成一个有逻辑的整体，而且，每一个研究发现的呈现也必须具有"从证据到发现"的清晰逻辑。"表述"是要考虑的第三件事情，每个研究发现的表述都值得你花一点时间反复推敲、琢磨，尽可能用最精练、最流畅的语言高效率呈现最核心的内容。

至此，不用提醒，你一定已经打开了你在任务 2-1 中建立的范本文献文件夹，接下来请进行以下步骤。

（1）从中选择"研究发现"模块写得出色的文献。

（2）建立一个新的 Word 文档，提取出这些文献中"研究发现"部分结构上的要点及相关内容，逐一记录在文档中。

（3）对照这些文献的"研究发现"模块，比较不同的作者是如何架构和写作这个模块的。特别留意其中有没有方便你模仿的样例，如果有，把它记录下来。

（4）如果有可能具体实践任务 2-10 中的研究实施过程，不妨试着写一写"研究发现"模块。

（5）如果还没做研究、还不能动手写自己的"研究发现"，那不妨选择这些文献中你觉得"研究发现"模块有缺憾的一篇，根据前面了解到的相关特点与评判标准，总结其"研究发现"模块的不足，然后动手，帮作者修改、提升这一模块。

六、研究结论

学术期刊论文正文的"研究结论"模块是整个研究的价值核心，其中蕴含着该项研究对后续研究与实践的价值。这应该是整篇论文中最有可读性的部分，当然也是读者们大概率会认真阅读的部分。至于审稿人，如果他们能审读到一篇论文的"研究结论"模块，那至少说明这篇论文的前几个模块都得到了认可——多么令人欢欣鼓舞！

研究结论也应在论文中单独呈现，其篇幅可能不长，但通常不和其他任何部分融合在一起。"研究结论"模块主要由几个得到了研究发现坚实支撑的结论组成，每一个结论需要结合一个或多个研究发现，并基于已有相关研究（文献）的情况，做简单的阐述。由此可见，研究结论和研究发现并非一一对应，也不需要严格一一对应。

归结起来，审稿人对"研究结论"模块的评判标准如下。

- 每一个研究结论是否都确实源自研究发现，不"浮夸"？
- 全部研究结论是否与研究问题紧密联系，与研究设计和实施过程吻合，做到不脱节？
- 不同的研究结论是否存在必要的逻辑关系，能否相互支持？
- 研究结论的数量是否恰当？每一个研究结论的表述是否足够精练，要点是否突出？

一点提醒： "研究结论"模块与"研究发现"模块要各司其职！

在实际的审稿当中，经常能看见有些论文把"研究发现"和"研究结论"混合在一起。其实将这二者放在正文的同一个部分当中，也不是不可以。但是，一定要明确的是：发现是发现，结论是结论。具体而言，研究发现是研究实施过程的自然输出，相当于"我看到了……"，是客观的表述；研究结论是基于研究发现得出的论断，相当于"由我看到的，我认为……"，其间掺杂了比较主观的判断。

如果你还是学术期刊论文写作的新手，我建议你把"研究结论"模块和"研究发现"模块严格区分开来，让它们各司其职，这样做也更方便审稿人审读这两个部分。

▪ |任务 2-12| "研究结论"模块的起步

打开你在任务 2-1 中建立的范本文献文件夹，然后进行以下步骤。

（1）从中选择"研究结论"模块写得出色的文献。

（2）建立一个新的 Word 文档，提取出这些文献中"研究结论"部分结构上的要点及相关内容，逐一记录在文档中。

（3）对照这些文献的"研究结论"模块，比较不同的作者是如何架构和写作这个模块的。特别留意其中有没有方便你模仿的样例，如果有，把它记录下来。

（4）如果已经在任务 2-11 中获得了属于你自己的研究发现，那此时不妨试着写一写"研究结论"模块。

（5）如果还没做研究、还不能动手写自己的"研究结论"，那不妨选择这些文献中你觉得"研究结论"模块有缺憾的一篇，根据前面了解到的相关特点与评判标准，总结其"研究结论"模块的不足，然后动动手，帮作者修改、提升这一模块。

七、讨论、建议和反思

学术期刊论文正文的"讨论、建议和反思"模块其实就是通常说的论文的"结语"、"结束语"或"总结"部分。但是我感觉常用的这三个标题都不能清晰体现出这一模块的内容特点，反而容易让学术写作新手误以为这个模块只是对前文的缩写或者简单重复。因此我干脆把这一模块命名为"讨论、建议和反思"，以方便学术写作新手了解该模块应当包含的实质性内容。

作为整篇学术期刊论文正文的"尾声"，"讨论、建议和反思"模块可以是包含三个子模块的独立部分。当然，这三个子模块分别呈现了与整项研究紧密相关的几点讨论、几个建议、几点反思。

归结起来，审稿人对"讨论、建议和反思"模块的评判标准如下。

- 所讨论、所建议的内容是否与该项研究本身紧密结合？
- 所讨论、所建议的内容能否适当结合当下相关政策背景或过往研究情况？特别是，所提出的建议是否有足够的现实感？
- 所反思的内容是否确实具有反思的价值，能否为后续相关研究的改进提供有益启示？

一点提醒： 反思要适度

近来，"反思"在学术期刊论文中开始变得常见。虽然它可能仅仅是一个小段落，但是非常值得你多花一些心思。毕竟，在有经验的审稿人眼里，多完美研究都会存在一些不涉及根本的瑕疵，而主动发现并坦白这些

瑕疵，是一名成熟研究者应当具备的研究素养。切中肯綮的反思不会影响
审稿人对全文的观感，反而会是论文重要的加分项。

但是，当你初次尝试撰写"反思"部分的时候，切忌用力过猛，特
别是不能把研究选题上的不足、研究设计中的漏洞等一股脑儿地堆砌在这
里。否则，这就不是"反思"，而是"自曝其短"了。

在我撰写学术期刊论文的时候，我会把由研究资源不足、现实背景
约束导致的局限在这里指出来。当然，你也可以提及为了确保研究主题
聚焦而不得不放弃的有价值的研究方向，并建议后来的研究者对之深入
研究。如果确实存在研究选题上的不足、研究设计中的漏洞，该怎么办？
负责任的研究者只会推倒前面完成的工作，完善选题、重做设计，从头
再来。

■ |任务 2-13| "讨论、建议和反思"模块的起步

这个任务还是需要你打开你在任务 2-1 中建立的范本文献文件夹，然
后进行以下步骤。

（1）从中选择"讨论、建议和反思"模块写得出色的文献。

（2）建立一个新的 Word 文档，提取出这些文献中"讨论、建议和反
思"部分结构上的要点及相关内容，逐一记录在文档中。

（3）对照这些文献的"讨论、建议和反思"模块，比较不同的作者是
如何架构和写作这个模块的。特别留意其中有没有方便你模仿的样例，如
果有，把它记录下来。

（4）如果已经在任务2-12中获得了属于你自己的研究结论，那此时不妨试着写一写"讨论、建议和反思"模块。

（5）如果还没做研究、还不能动手写自己的"讨论、建议和反思"，那不妨选择这些文献中你觉得"讨论、建议和反思"模块有缺憾的一篇，根据前面了解到的相关特点与评判标准，总结其"讨论、建议和反思"模块的不足，然后动手，帮作者修改、提升这一模块。

第四节
如何搭建学术期刊论文框架

前面介绍了学术期刊论文框架应当具备的九个普适元素，以及论文正文应当具备的七个基本模块，并为每个模块搭配了一个任务。如果能够从前至后逐一完成这些任务，至少你能够了解每个元素、每个模块的特点，甚至有可能完成属于你的第一篇学术期刊论文初稿。

在这一节，我将和你一起归纳优秀学术期刊论文框架的特点，共同探讨如何应对学术期刊论文审稿中常见的框架问题，并和你一起了解如何做才能高效率搭建学术期刊论文框架。

一、好框架都有什么特点

在本章第一节中，你已经了解了学术期刊论文框架的两个最基本的评判标准，实际上这也是学术期刊论文框架最基本的两个特点，即完整、规范。

其中，"完整"是指整个论文框架的要素齐全，覆盖论文标题、摘要、关键词、作者信息、正文标题、正文、图片、表格、参考文献列表共九个普适元素，并且正文覆盖引言、文献综述、研究设计、研究实施、研究发现、研究结论，以及最后的讨论、建议和反思，共七个基本模块。而"规范"则是指整篇论文的框架符合学术写作的规范，而且每一个元素的内容符合学术研究的规范。

除了以上两个最基本的特点，我还想建议学术写作新手们在实际写作时注意论文框架的另外两个特点：简洁，合适。这两个特点也许不那么"高端"，但是非常有助于提升审稿人对整篇论文的观感，而且实际上也是作者学术写作素养的重要体现。

在这里，"简洁"包含两个维度：其一，论文框架中的诸多元素不冗余、不重叠，各司其职，各尽其能；其二，从各级标题到正文语句，所有的表述都务求简明扼要，不啰唆，不含糊。而"合适"亦具有两个维度的含义：其一，论文的框架结构适合该项研究类型、方法等方面的特点；其二，论文的框架契合目标期刊在文章结构方面的偏好。

二、审稿中常被指出的框架方面的问题

在学术期刊论文的审稿中，常见的框架方面的问题无疑与其是否完整、规范、简洁、合适密切相关。这些常见问题大致可以分成以下三大类。

第一类问题，内容缺失。

对学术期刊论文框架而言，所谓"内容缺失"主要是指框架的元素或者正文的模块出现了不该有的缺失。其中，有的缺失是在研究完成之后、文章撰写和修改之时可以弥补的，而有的缺失则是在研究完成之后无法挽回的。前者如关键词的缺失，引言的缺失，研究设计的缺失（实际进行了研究设计），研究实施的缺失（实际完成了研究实施），图表的缺失，讨论、建议或反思的缺失等；后者如研究设计中具体抽样方法的缺失、部分研究数据的缺失、信度效度检验的缺失等。对于前者，学术写作新手可以在修改过程中逐一弥补，并且可以通过多次的写作练习避免类似问题重现；而后者简直可以说是整个研究的灾难，需要将研究推倒重来，我们不可能在整项研究结束之后去弥补，更不能违背学术研究的诚信准则去编造。

第二类问题，结构失衡。

所谓"结构失衡"主要是指论文框架的内部结构失去平衡，究其原因，通常是不同元素详略失当，导致重点不突出、亮点被淹没。这方面，最常见的是文献综述过于简略或冗长，研究实施部分表述累赘，研究结论过于简略甚至简陋，以及"讨论、建议和反思"模块草草了事。此外，正文标题层级过少、过多，或个别正文标题下的层级过多，也会让整篇论文看起来结构不均衡。

第三类问题，学术性不足。

这类问题主要出现在脱胎于实际工作的论文中，以工作总结式、工作汇报式的论文居多。这些论文并不是从规范的研究设计起步的，作者往往也不了解规范的学术期刊论文的架构，只是致力于呈现某项实际工作为什么做、如何做、做了什么、结果如何，因此，其结构与规范的学术期刊论文框架相去甚远。与这个问题相伴相生的是论文内容亦缺乏学术论文应有的严谨性和科学性。

■ |任务 2-14| 它们的框架存在什么问题？

严格地说，即使是已经发表出来的学术期刊论文，也并非都具备完美的论文框架。在这个任务当中，我要邀请你和我一起给框架不完美的论文提提意见。

（1）登录中国知网，用你在任务 2-1 中确定的主题词进行文献检索，选定 2015—2018 年的文献，并按照下载量进行倒序排列。

（2）注意排在最前面的 20 篇文献，将它们下载下来，保存在同一个文件夹里。

（3）仔细研读这 20 篇文献，特别关注它们的文章框架，把其框架中存在的问题（如果有）记录下来（可使用表 2-9）。

表 2-9　学术期刊论文框架中的问题及对策笔记

文献	框架中存在的问题	如何避免 / 如何改进

（4）认真思考在写作当中应当如何避免这些问题，以及可以如何做出

相应改进。即使没有成熟的想法也不要紧，接下来，你会和我一起探讨如何应对这些常见问题。如果你能提前独立思考，在后面的学习过程中一定会有更大的收获。

三、如何应对常见的框架问题

1. 第一类问题"内容缺失"的应对

你首先要辨别整个论文框架缺失了哪个或哪几个元素，以及正文部分缺失了哪个或哪几个模块。然后要做的是确定哪些内容的缺失是可以在写作中避免或者弥补的，而哪些内容的缺失是无法挽回的。

一般来说，实际研究过程中漏掉的环节通常是写作过程中无法挽回的，而实际研究过程中已经完成但写作过程中遗漏的环节则是后期可以弥补的。此外，研究结论的缺漏，以及"讨论、建议和反思"模块的缺失，可能是因研究过程中的草率或疏漏造成的，但是写作过程中可以进行补充，并反复打磨。

要想避免论文框架中的内容缺失问题，你必须熟稔规范、严谨的学术期刊论文框架应当包含什么元素或模块。经常围绕自己感兴趣的主题搜集文献，用批判性的眼光去评判其框架，针对发现的问题去琢磨能否改进、如何改进，这样做一定有助于提高自己搭建规范框架的能力，甚至可能有助于提升研究设计的能力。

■ **|任务 2-15|** 这些文献的框架缺了什么？

在任务 2-14 中，你已经得到了 20 篇可能存在框架问题的文献。在这个任务当中，还要请你再次快速浏览这些文献。

（1）打开这 20 篇文献，选出其中存在框架问题的文献。

（2）提取这些文献的框架元素，判断其有哪些方面的缺失，并记录在你的文献笔记中。表 2-10 也许可以为你提供参考。

表 2-10 文章框架缺失元素判断

文献编号：1		是否缺失
文章标题		否 [ ]
摘要		是 [ ] 否 [ ]
关键词		是 [ ] 否 [ ]
作者信息		是 [ ] 否 [ ]
正文标题		是 [ ] 否 [ ]
正文	引言	是 [ ] 否 [ ]
	文献综述	是 [ ] 否 [ ]
	研究设计	是 [ ] 否 [ ]
	研究实施	是 [ ] 否 [ ]
	研究发现	是 [ ] 否 [ ]
	研究结论	是 [ ] 否 [ ]
	讨论、建议和反思	是 [ ] 否 [ ]
图片、表格		是 [ ] 否 [ ]
参考文献列表		是 [ ] 否 [ ]

2. 第二类问题"结构失衡"的应对

如果是详略失当导致的结构失衡，你首先要辨别是框架中的哪一处或哪几处该详未详、该略未略，然后才能据此修改自己的论文框架。当然，要轻松做到这一点，还是需要先熟悉规范、严谨的学术期刊论文框架中通常哪些地方应详尽，哪些地方可简略。

|任务 2-16| 何处应详尽，何处可简略？

你一定还记得，在任务 2-1 中，你建立了一个文件夹，并在其中保存了 20 篇高被引文献。现在的这个任务需要你充分利用这 20 篇文献。

（1）打开这 20 篇文献，通过快速阅读选出 10 篇框架规范的文献。

（2）提取这 10 篇文献的框架元素，判断其是详尽还是简略，并记录在你的文献笔记中。表 2-11 也许可以为你提供参考。

表 2-11 文献框架元素的详略

文献编号：1		元素 / 模块特征
文章标题		详尽 [ ] 简略 [ ]
摘要		详尽 [ ] 简略 [ ]
关键词		详尽 [ ] 简略 [ ]
作者信息		详尽 [ ] 简略 [ ]
正文标题		详尽 [ ] 简略 [ ]
正文	引言	详尽 [ ] 简略 [ ]
	文献综述	详尽 [ ] 简略 [ ]
	研究设计	详尽 [ ] 简略 [ ]
	研究实施	详尽 [ ] 简略 [ ]
	研究发现	详尽 [ ] 简略 [ ]
	研究结论	详尽 [ ] 简略 [ ]
	讨论、建议和反思	详尽 [ ] 简略 [ ]
图片、表格		详尽 [ ] 简略 [ ]
参考文献列表		详尽 [ ] 简略 [ ]

如果是层级数量不当导致的结构失衡，你依然需要先熟悉规范、严谨的学术期刊论文框架，然后才能判断搭建框架时应该设置几个层级，以及每个层级下适合设定几个子层级。

■ **|任务 2-17 |** 样本文献的框架应包括几个层级？

请再次打开你在任务 2-1 中建立的那个文件夹，里面有可作为范文的 20 篇文献。

（1）打开其中的 20 篇文献，通过快速阅读了解这些文献的框架层级。

（2）将这 20 篇文献的框架层级数量记录在你的文献笔记中。表 2-12 也许可以为你提供参考。

表 2-12　样本文献的框架层级

	全文框架层级数量	正文标题层级数量
文献编号：1		
文献编号：2		
文献编号：3		
......	......	......

3. 第三类问题"学术性不足"的应对

不客气地说，论文的学术性不足，其根源往往是作者本身缺乏必要的学术研究训练和学术写作训练。因此，要应对这一类问题，还得从提升学术研究素养和学术写作素养入手。关于学术研究素养的提升，建议参加相应的课程并勤加练习。而学术写作素养的提升，正是本书致力于帮助学术写作新手们完成的任务。

单从学术写作的角度来看，如果你的论文"学术性不足"，你可以主动提高问题意识，从工作实践中挖掘出有价值的研究问题，再从这个问题开始开展研究，并在学术写作过程中把所有的阐述都聚焦在研究问题上，严格按照规范的学术期刊论文框架去调整论文架构，并将正文应包含的七个模块明确划分出来。这样，整篇论文看起来就会很不一样。

四、搭建学术期刊论文框架的"三部曲"

本章行文至此，其实一直都在帮助大家了解学术期刊论文的框架是什么样子，以及如何一步一步搭建学术期刊论文的框架。如果你能够耐心地完成前面的每一项任务，应该已经初步了解了这一框架的样式，并切实练习了框架的搭建。

在本章的最后一部分，我将从操作层面将学术期刊论文框架的搭建步骤总结为非常简明的三大步，希望在结束本章的阅读和学习时，你能熟记于心，并在将来的学术写作训练过程中熟练运用。

无论是论文总体框架或正文框架的搭建，还是某一个元素或者模块的架构，其实都只需要三个步骤：参考，模仿，反复修改。

第一步，参考。

所谓"参考"，主要是参考已有的优秀论文，揣摩这些论文的整体框架、正文框架以及单个元素的架构，从中借鉴。

这些优秀论文最好与你想要撰写的学术期刊论文具有相近的研究主题、相近的研究方法。建议你首选新近发表的论文，而且不妨多选取核心期刊上的、已经有学术影响力的论文。要选取和利用好值得参考的优秀论文，需要你调动自己的文献基本功，特别是精准检索、正确筛选、高效阅读、精确笔记的基本功。如果此刻你对文献基本功这几项内容的印象已经有些模糊，不妨回到本书第一章，快速阅读和回顾一下。

第二步，模仿。

所谓"模仿"，就是依照优秀论文的框架，一点一点去"临摹"。特别是当你正式开始学术期刊论文写作的时候，"临摹"优秀论文的框架会让你少走弯路。这种模仿历来是学术写作起步的必然路径。对于新手而言，模仿是有意义的，而经验不足的创新是要谨慎的。

第三步，反复修改。

所谓"反复修改"，毫无疑问，就是字面意义上的反复修改。优秀的论文都是改出来的，优秀的论文框架同样也是改出来的。一气呵成的神话在学术写作领域从来不值得推崇，即使是学术发表经验丰富的学者，也要通过反复修改，才能打磨出一篇精彩的学术期刊论文。

修改的过程中，你可以多向导师、同学、同事请教，请他们从旁观者的角度为你提供宝贵意见。在这样的讨论过程中，你有可能会意识到自己的疏忽和不足，从而逐渐提升自己的学术写作素养。

参考、模仿、反复修改，这样的"三部曲"其实不光适用于学术期刊论文框架的搭建，而且适用于学术写作的各个环节。学术写作新手不妨牢记这三步并且反复操练。本章前面的各项任务，其实已经在多次引导你按照这"三部曲"搭建框架。因此，我不打算在本章的最后引入新的任务了。如果你有决心学会学术期刊论文框架的搭建，只需要回顾本章各项任务，实际动手做一做、反复做，这就足够了。

选题：
学术期刊论文的灵魂

💬 **本章导读**

　　本章将为你介绍学术期刊论文的选题。如果说框架是学术期刊论文的骨骼，那么选题可以说学术期刊论文的灵魂。选题的质量高低几乎决定了一篇论文的成败。何出此言？

　　当学术期刊编辑筛选论文、决定哪些论文可以进入审稿流程的时候，他们往往会先看论文的选题，甚至有可能只看选题。

　　在审稿人看来，论文的选题承载了这篇论文的核心价值。审稿过程中，往往一句"论文选题缺乏应有的学术价值 / 实践价值"，就能彻底终结一篇论文的审稿之路。但如果论文选题在学术和实践层面颇有价值，即使论文框架或其他细节略有不足，审稿人也会更愿意给作者一个修改的机会。

　　对普通读者而言，一篇论文的选题更是决定了他们要不要下载并继续阅读这篇论文，以及他们将来在写作过程中要不要引用这篇论文。而被更多读者关注和引用，无疑是提升论文影响力的最直接的方式。

　　可见，论文的选题值得你特别重视。本章将为你介绍选题的含义、学术期刊论文选题的五要素，以及如何寻找适合自己的好选题。本章具体的内容要点如图 3-1 所示。

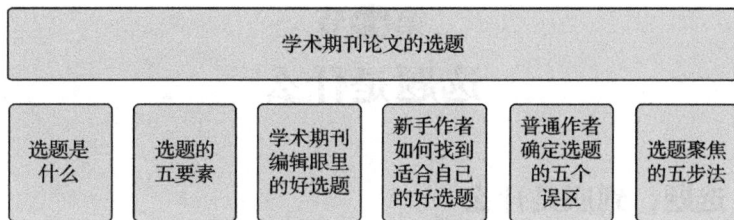

图 3-1　第三章的内容要点

学术期刊论文的选题

| 选题是什么 | 选题的五要素 | 学术期刊编辑眼里的好选题 | 新手作者如何找到适合自己的好选题 | 普通作者确定选题的五个误区 | 选题聚焦的五步法 |

本章第一节将引导你直观地了解什么是选题，并简单回顾与学术期刊论文选题相关的三项基本功。第二节主要基于对选题的直观认识，具体讨论学术期刊论文选题的五要素。在第三节和第四节中，我会和你讨论学术期刊编辑眼里的好选题具备哪些特征，以及编辑如何确定中意的选题，并由此出发，探讨新手作者如何找到适合自己的好选题。在本章的最后一节，我将引入选题聚焦的"五步法"，和你一起琢磨如何高效率、高质量地确定适合你的好选题。

如果你能跟着我逐一完成这一章的学习任务，相信你一定能清楚了解学术期刊论文选题的特点，初步掌握形成选题的方法了。

那么，让我们一起努力，争取圆满完成本章的学习任务吧！

本章学习要点 >>

- 了解学术期刊论文选题的含义。
- 掌握学术期刊论文选题的五要素。
- 熟悉新手作者找到适合自己的好选题的方法。
- 了解普通作者确定选题的五个误区。
- 掌握选题聚焦的五步法。

第一节
选题是什么

一、选题，到底是什么

说到"选题"两个字，你心中会浮现出什么样的印象？选题是学术期刊论文的标题吗？似乎是，又似乎不是。

选题能不能等同于论文的标题，可能取决于论文标题是否完整包含了选题的各个要素。粗略来说，选题是一个关于研究主题和研究内容的清晰表述，而且是可以用来进行研究规划、开展学术交流的那么一个表述。

审稿人、学术期刊编辑、读者筛选论文时，第一眼往往会落在论文的选题上。所以，你有必要先具体地了解什么是选题。

■ **|任务 3-1|** 什么是选题？

在表 3-1 中，我给出了 10 个表述，请你独立判断一下其中哪些表述是"选题"，并在其右侧对应的方括号中打"√"。

表 3-1　判断下列 10 个表述是否是选题

表述	这个表述是"选题"吗
1. 采用文献计量学方法，围绕 21 世纪以来我国教育公平研究的热点与未来趋势，开展文献研究	是 [ ]　　不是 [ ]
2. 21 世纪以来我国教育公平研究的热点与未来趋势——基于共词矩阵的知识图谱分析	是 [ ]　　不是 [ ]
3. 近年来，我国西北连片特困地区农村经济与教育发展关系中体现的，教育对精准扶贫的重要作用的实证研究	是 [ ]　　不是 [ ]

表述	这个表述是"选题"吗
4. 教育对精准扶贫的重要作用——西北连片特困地区农村经济与教育发展关系的实证分析	是 [　]　　不是 [　]
5. 结构主义视域下,互联网时代开放教育机构中教师与行政管理人员关系的质性研究	是 [　]　　不是 [　]
6. 结构主义视域下开放教育教师与行政管理人员关系解析	是 [　]　　不是 [　]
7. 在 cMOOC 的联通主义学习过程中,围绕课程交互内容,开展学习者个体社会网络地位与概念网络特征关系的探究	是 [　]　　不是 [　]
8. 联通主义学习中个体网络地位与其概念网络特征的关系探究——基于 cMOOC 第 1 期课程部分交互内容的分析	是 [　]　　不是 [　]
9. 基于多个数据库的英文同行评审期刊文献,从学习效果和教育公平的角度评判高等教育中的人工智能应用状况	是 [　]　　不是 [　]
10. 从学习效果和教育公平的角度看高等教育人工智能应用——一项基于多个数据库英文同行评审期刊文献的综述	是 [　]　　不是 [　]

也许你已经准确判断出来了,序号为单数的表述都是"选题",而序号为双数的表述都是与之对应的"标题"。这里的标题都摘自真实的、已经发表的学术期刊论文。如果你觉得有必要,可以去中国知网等数据库中下载这些论文,从选题的角度去读一读、品一品。

显然,在设计这个任务的时候,我都是从已有的论文去倒推其选题的完整描述的。这个做法你可以借鉴:阅读感兴趣的论文,提取出这篇论文的选题,反复品读这个选题,从中体会一个优秀或者至少合格的选题的模样,建立起关于"选题"的直观感受。

■ |任务 3-2| 搜集你感兴趣的学术期刊论文选题吧!

在这个任务中,请你按照下面的步骤再次练习如何进行文献检索,并以检索获得的文献为样本,直观感受其选题的特点。当然,如果你已经熟练掌握了文献检索技巧，也可以采用你在第二章的任务 2-1 中检索并保存的 20 篇文献，直接进行本任务的第 5 个步骤。

（1）确定你感兴趣的研究方向，将其记录下来。

我感兴趣的研究方向是：

_____。

（2）将你感兴趣的研究方向拆分为 2 ～ 3 个主题词，写在下面。

主题词 1：_____

主题词 2：_____

主题词 3：_____

（3）回忆学习过的检索技巧，登录中国知网，用这几个主题词进行主题检索，然后按照被引量的高低，对近五年的文献进行排序。

（4）注意最靠前的 20 篇文献，将它们下载下来，保存在同一个文件夹里。

（5）仔细研读这 20 篇文献，分别用一句话描述它们的选题，并做好笔记。表 3-2 所示的笔记模板可供你参考。

表 3-2　提炼样本文献的选题

文献编号	文献标题	一句话描述文献的选题（1.0 版）
1		

文献编号	文献标题	一句话描述文献的选题（1.0 版）
2		
3		
……	……	……

二、一句话描述：选题是什么

完成前面的任务之后，你对选题的认识有没有更具体一些？

概括起来，"选题"是一个关于研究问题与研究内容的清晰而聚焦的表述，根据这个表述——

第一，你可以制订一个比较完善的研究计划；

第二，你有可能据此实施整个研究；

第三，你甚至可以直接扩展出论文的三级目录。

没错，选题事关整项研究的设计与实施，更是整篇论文架构与写作的出发点，其中包含研究的各个关键点，也启发了整篇论文的核心部分。因此，选题不等于标题。选题比文章的标题更完整、更精确。也请你牢记我对选题的这三点概括，下一个任务就需要你灵活运用这三点内容。

■■ **|任务3-3|** 试试看进一步完善选题描述？

···

在任务3-2中，你应该已经完成了20篇样本文献的选题描述，并做好了相应的笔记。当时你对选题的认识可能还停留在直觉层次，而在了解了"选题是什么"之后，特别是看了前面的三点概括后，你对选题的认识是不是更进了一步？

接下来，请你根据关于选题的这三点概括，斟酌你在任务3-2中为样本文献提炼的选题描述，做一些你认为有必要的修改，并做好笔记。

最好能在你的笔记当中保留两个版本的选题描述，方便你反复比对，从而提升对选题的认知，并且逐步确信你自己有提炼选题的能力。表3-3所示的笔记模板可供你参考。

表3-3　再次提炼样本文献的选题

文章编号	文献标题	一句话描述文献的选题（1.0 版）	一句话描述文献的选题（2.0 版）
1			
2			
3			
......	......	......	......

三、学术期刊论文选题相关的三项基本功

简单回顾一下，在完成本章前面几个任务的过程中，你运用了哪些基本功？我想了想，认为应该不外乎这三类：文献基本功、选题基本功和研究基本功。

其中，文献基本功可以帮助你了解设想中的选题是否具备足够的学术研究价值和学术发表价值，而选题基本功包括圈定选题范畴、逐步聚焦选题，研究基本功涉及研究方法、研究设计、研究实施的考量和优缺点的评判，这些自然都是你在明确选题的过程中必须了解的。

第二节
学术期刊论文选题的五要素

一个完整的选题必须具备一些不可或缺的要素，这些要素能够说明该选题在什么样的情境下，针对什么样的内容，在什么样的人群中，用什么样的方法，做什么样的事情（或者研究什么样的问题）。概括起来，一个完整的选题应该包括五个要素：时间、地点、主角、方法、事情。这一节主要从这五个要素展开，帮助你正面了解学术期刊论文的选题，为后面寻找适合你的好选题奠定基础。

本节在介绍各个要素时，需要再次利用本章第一节任务 3-1 中列举的五个选题样例。

选题样例一：采用文献计量学方法，围绕 21 世纪以来我国教育公平研究

的热点与未来趋势，开展文献研究。

选题样例二：近年来，我国西北连片特困地区农村经济与教育发展关系中体现的，教育对精准扶贫的重要作用的实证研究。

选题样例三：结构主义视域下，互联网时代开放教育机构中教师与行政管理人员关系的质性研究。

选题样例四：在 cMOOC 的联通主义学习过程中，围绕课程交互内容，开展学习者个体社会网络地位与概念网络特征关系的探究。

选题样例五：基于多个数据库的英文同行评审期刊文献，从学习效果和教育公平的角度评判高等教育中的人工智能应用状况。

一、时间

选题五要素中的"时间"是指整个选题所处的时代背景。

更具体地说，这里的"背景"至少应包括政策背景、实践背景、研究背景三个方面。

结合前面的五个选题样例，可以看到，常见的关于"时代"的限定词有"21世纪以来""近年来""互联网时代"等。此外，还可以有诸如"初盛唐""民国时期""近 20 年来""1980 年以来""新世纪以来""某年至某年"等各种合乎规范的表述。

无论你对自己选题中的"时间"做了什么样的限定，都需要牢记一点：尽可能精确、精准，尽可能避免不必要的含糊。

■ |**任务 3-4**| 选题的"时间"要素还可以有哪些表述？

在前面的任务 3-2 中，你应该已经选择并下载了 20 篇文献。在本节的多个任务当中，你都会用到这 20 篇文献，在此，不妨把它们叫作"选题样本文献"吧。

（1）请逐一打开这些文献，浏览它们的标题和摘要。如果有必要，也可以快速浏览全文。但一定注意：要快速阅读，不要精读、不要慢读。

（2）设计一张表格，记录这些选题样本文献的选题所限定的"时间"。摘取相关表述的时候，要注意尽可能精确。表 3-4 可供你在做笔记时进行参考。

表 3-4　关于选题中"时间"要素的笔记

文献编号	文献标题	政策背景、实践背景、研究背景相关限定词	时代相关限定词
1			
2			
3			
……	……	……	……

（3）反复研读这份关于选题中"时间"要素的笔记，熟悉其中记录下来的各种限定词。将来，当你需要确定自己的选题时，特别是当你需要精确表述选题的"时间"时，也许能参考这份笔记。

二、地点

选题五要素中的"地点"是指整个选题所处的研究场域。

具体地说，这里的"研究场域"可以进行各种细致的区分，包括依据国别、地域等进行限定。在多数研究场域中，还会出现特定的各种划分。由于"研究场域"的特征可能不止一个，因此，一个选题可能包含数个关于"地点"的限定词。

以教育领域为例，"研究场域"可以是各种教育类型所覆盖的研究场，如高中教育中的普通高中教育、职业高中教育等，又如高等教育中的普通高等教育、职业高等教育、成人高等教育等。当然，教育领域的研究场域也可以划分为不同年龄段的学习者身处的不同教育情境，如早期教育、小学教育、初中教育、高中教育、大学教育、职后教育、老年教育等。

结合前面的五个选题样例，可以看到，常见的关于"地点"的限定词有"我国""我国西北""特困地区""农村""开放教育机构""高等教育"等。此外，还有诸如"国外""东南沿海城市""成人教育机构""某少数民族地区"等各种合乎规范的表述。

无论你为自己的选题限定了什么样的"地点"，都需要牢记之前提过的一点：

尽可能精确、精准，尽可能避免不必要的含糊或泛化。

■ **|任务 3-5 |** 选题的"地点"要素还可以有哪些表述？

在这个任务中，你还会用到你的选题样本文献。

（1）请逐一打开这些文献，再次浏览它们的标题和摘要。如果有必要，也可以快速浏览全文。还是要请你注意：要快速阅读，不要精读、不要慢读。

（2）设计一张表格，记录这些选题样本文献的选题所限定的"地点"。摘取相关表述的时候，要注意尽可能使其精确、完整，不必在意限定词的个数。表 3-5 可供你在做笔记时进行参考。

表 3-5　关于选题中"地点"要素的笔记

文献编号	文献标题	地点相关限定词
1		
2		
3		
……	……	……

（3）反复研读这份关于选题中"地点"要素的笔记，熟悉其中记录下来的各种限定词。将来，当你需要确定自己的选题时，特别是当你需要精确表述选题的"地点"时，也许能参考这份笔记。

三、主角

选题五要素中的"主角"是指选题涉及的研究者和研究对象。

在这里，"研究者"即开展这项研究的人，通常是文章的作者或作者之一。不同的研究者会因为各自不同的学术经历、不同的学术素养积累，而择取不同的研究视角，采纳不同的理论框架和研究方法，甚至因为各自不同的思维方式而得出不同的研究结论与建议。因此，研究者是确定选题的过程中非常重要的一个要素。通常，质性研究论文需要明确研究者的身份，定量研究论文则往往不太需要表明研究者的身份，而思辨性的论文虽然也不必点明研究者的特征，但实际上"研究者"这个角色蕴藏于全文的每一个细节当中。因此，不论你打算写一篇什么样的学术论文，都不妨在确定选题的时候反思一下自己作为研究者的特征，努力将自己这个"研究者"融入选题当中。

"研究对象"即这项研究所关注、所剖析、所服务的人／人群，所聚焦的现象、问题，甚至数据集、文献集等，或者任意两者的结合，比如某个人群中的某个现象，又比如与某个人群相关的某类数据。

结合前面的五个选题样例，可以看到，常见的关于"主角"的限定词有"教育公平""教育发展""教师""行政管理人员""在线学习者"等。此外，还有诸如"足球运动""大学生体质""职业院校教师""高校辅导员"等各种合乎规范的表述。

无论你为自己的选题限定了什么样的"主角"，都同样需要牢记的一点是：尽可能精准，尽可能避免不必要的含糊或泛化。

■ |任务 3-6| 选题的"主角"要素还可以有哪些表述?

这个任务同样需要用到你的选题样本文献。

（1）请逐一打开这些文献，再次浏览它们的标题和摘要。如果有必要，也可以快速浏览全文。但一定注意：要快速阅读，不要精读、不要慢读。

（2）设计一张表格，记录这些选题样本文献的选题所限定的"主角"，包括"研究者"和"研究对象"。摘取相关表述的时候，要注意尽可能使其精确、完整，不必在意限定词的个数或词语的长短。表3-6可供你在做笔记时进行参考。

表 3-6　关于选题中"主角"要素的笔记

文献编号	文献标题	研究者相关限定词	研究对象相关限定词
1			
2			
3			
……	……	……	……

（3）反复研读这份关于选题中"主角"要素的笔记，熟悉其中记录下来的各种限定词。将来，当你需要确定自己的选题时，特别是当你需要精确表述选题的"主角"时，也许能参考这份笔记。

四、方法

选题五要素中的"方法"是指实现这个选题需要采用的研究方法。

严格地说,这里的"研究方法"应包含方法论、研究方式/类型、具体方法与技术这三个层面的含义。结合前面的五个选题样例,可以看到,常见的关于"研究方法"的限定词有"结构主义视域""实证研究""质性研究""文献研究""文献计量学方法"等。此外,还有诸如"现象学""实验研究""案例研究""问卷调查"等各种合乎规范的表述。

无论你为自己的选题限定了什么样的"方法",同样都需要明确一点:尽可能适应研究在时间、地点、主角等方面的特质,尽可能避免方法操作上的错漏和含糊。

■ **|任务 3-7|** 选题的"方法"要素还可以有哪些表述?

在这个任务当中,你需要再次使用你的选题样本文献。

(1)请逐一打开这些文献,再次浏览它们的标题和摘要。如果有必要,也可以快速浏览全文。但一定注意:要快速阅读,不要精读、不要慢读。

(2)设计一张表格,记录这些选题样本文献的选题所限定的、三个层面的"方法"。但实际上,很多文献并没有全面、规范地阐述研究方法三个层面的内容。摘取相关表述的时候,要注意尽可能使其精确、完整,不必在意限定词的个数或词语的长短。表 3-7 可供你在做笔记时进行参考。

表 3-7　关于选题中"方法"要素的笔记

文献编号	文献标题	方法论相关限定词	研究方式/类型相关限定词	具体方法与技术相关限定词
1				
2				
3				
……	……	……	……	……

（3）反复研读这份关于选题中"方法"要素的笔记，熟悉其中记录下来的各种限定词。将来，当你需要确定自己的选题时，特别是当你需要精确表述选题的"方法"时，也许能参考这份笔记。

五、事情

选题五要素中的"事情"是指整个选题的研究问题或研究主题。

需要强调的是，这里的所谓"研究问题"或"研究主题"必须是一个精准的落脚点，而非一个宽泛的"面"甚至"领域"。只有确保这一要素的精准聚焦，才能确保所撰写学术期刊论文主题鲜明、论述深入。

结合前面的五个选题样例，可以看到，常见的关于"事情"的限定词有"教育公平研究的热点与未来趋势""农村经济与教育发展的关系""教师与行政管理人员的关系""学习者个体社会网络地位与概念网络特征的关系""高等教育中的人工智能应用状况"等。

■■ **|任务 3-8|** 选题的"事情"要素还可以有哪些表述？

在这个任务当中，你还是需要使用你的选题样本文献。

（1）请逐一打开这些文献，再次浏览它们的标题和摘要。如果有必要，也可以快速浏览全文。但一定注意：要快速阅读，不要精读、不要慢读。

（2）设计一张表格，记录这些选题样本文献的选题所限定的"事情"。摘取相关表述的时候，要注意尽可能使其精确、完整，不必在意限定词的个数或词语的长短。表 3-8 可供你在做笔记时进行参考。

表 3-8　关于选题中"事情"要素的笔记

文献编号	文献标题	研究问题 / 研究主题相关限定词
1		
2		
3		
……	……	……

（3）反复研读这份关于选题中"事情"要素的笔记，熟悉其中记录下来的各种限定词。将来，当你需要确定自己的选题时，特别是当你需要精确表述选题的"事情"时，也许能参考这份笔记。

完成本节的学习之后，你应该至少了解了学术期刊论文选题的五个要素，并且初步掌握了这五个要素的特征及其在论文选题中的作用。下面请你第三次用一句话描述你每篇样本文献的选题。

■ **|任务 3-9|** 第三次为样本文献梳理选题表述！

在本章的第一节中，你已经两次根据自己当时的理解，为你的选题样本文献提炼了选题。现在，经过第二节的学习和练习，你对"选题"的认识是不是有了更进一步的提升？

（1）请你根据自己此刻对"选题"的理解，特别是对选题五要素的把握，第三次提炼这些样本文献的选题，并记录下来。笔记格式可参考表 3-9。

表 3-9 第三次提炼选题样本文献的选题

文献编号	文献标题	一句话描述文章的选题（1.0 版）	一句话描述文章的选题（2.0 版）	一句话描述文章的选题（3.0 版）
1				
2				
3				
……	……	……	……	……

（2）横向比较你为每篇文献提炼的三个版本的选题描述，思考每一个版本较前一版本的差异，体会一下自己的进步吧！

第二节
学术期刊编辑眼里的好选题

什么是好的选题？对每一位写作者而言，这都是一个无比重要的问题。但是，这恐怕恰恰也是一个无法轻易找出答案的问题。一个选题是否足够"好"，不光与选题本身的五要素有关，也与选题出现的时间有关，更与研究者或者写作者本身的特质有关。

不如，换一个角度来思考这个问题吧？

既然学术发表是学术写作的重要目的之一，而学术期刊编辑又是审稿人中的重要一员，他们关于选题的想法也许能给你很多启发。于是，为了高效率锁定适合你自己的好选题，本章这一节打算先和你聊一聊：什么是学术期刊编辑眼里的好选题？

归结起来，学术期刊编辑中意的选题通常包括这样六个方面的特征：反映研究前沿；贴近实践热点；凸显研究者个人特质；有创新点；有亮点；能够解决期刊的难点问题和编辑的痛点问题。

一、反映研究前沿

所谓研究前沿，至少应当包括选题所在领域的学术研究前沿、理论研究前沿以及技术应用研究前沿。

不同领域的研究前沿既有相似之处，亦有相异之处。在此以教育领域为例：学术研究前沿可以参照目前各家期刊正在推出的各种学术主题；理论研究前沿往往涉及新理论的产生与发展、对原有理论的更新或补充，以及其他学科理论的引入与融合；而技术应用研究前沿主要涉及诸如互联网、人工智能等最新技术在当下教育领域的应用。

一点提醒： 能落地的前沿选题才有意义！

"前沿"这个词从来都是能让人眼前一亮、心头一震的，但是，具体到学术写作当中，并不是越"前沿"越优秀。只有能够落地的前沿选题才是真正有意义的。

那么，怎么样才算是"落地"？一般认为，只有当写作者对之有切实的理解，甚至有过相关研究和实践经验，或者至少有开展研究和实践的资源时，这个选题才能算是有可能"落地"到论文当中的前沿选题。不能落地的前沿选题是空虚的、浮夸的，并不能帮助你成就一篇好论文。

二、贴近实践热点

所谓实践热点，通常是指选题所在领域的相关实践场域中的热点，或选题所在领域的相关实践要素中的热点。

在此，再次以教育领域为例。教育的相关实践场域包括不同情境中、针对不同年龄段的学习者开展的教育实践。这里的不同情境可以是针对全职学习者或成人学习者开展的各种教育实践情境，而针对不同年龄段学习者的教育实践一般分为早期教育、幼儿教育、中小学教育、高等教育等。教育的相关实践要素则是指诸如学习者及其学习行为、教师及其教学行为、教学或学习的过程与质量等的要素，这些要素以不同的具体形态存在于不同的教育实践场域中。从这些教育相关实践中涌现的热点话题，特别是从这些热点话题中提炼出来的选题，都有可能成为贴近实践热点、具备实践价值的选题。

一点提醒： 可以"热"一点，但是不要"发烧"！

和前沿选题比起来，热点选题更容易识别——似乎各家期刊最近、最新推出的论文讨论的话题，多半都可以认定为"热点"。

但是，如果你还是学术写作新手，我会建议你适度追热点。适合新手的选题应该有点"热"，但是不要热到"发烧"的地步。也就是说，已经有很多人在关注的选题会比较适合新手，但是热度过高、关注人数过多的选题，也许很难找到适合新手的选题切入点。而在热点中选择别人已经发表过的选题，重复写作，这样的论文恐怕很难让学术期刊编辑"点赞"。

三、凸显研究者个人特质

所谓研究者的个人特质，在学术期刊编辑眼里主要包括其在专业背景、工作背景、所偏好的研究类型与写作类型这四个方面的特质。一般认为，这些特质基本上足够帮助编辑们判断一位研究者能否自如驾驭哪些研究或实践情境中哪些类型的研究选题，以及能否轻松创作哪些类型的学术期刊论文。

换个角度来看，当你准备敲定适合自己的好选题时，不妨也从这四个方面入手，对自己做一个评判，琢磨一下自己适合做什么样的选题。

四、有创新点

所谓创新点，通常是指选题各个要素中蕴含的创新之处，具体包括在研究切入点、研究场域、研究对象、研究方法等研究设计的不同部分，以及在研究发现、研究结论、研究建议的提炼与挖掘等方面蕴含的创新之处。学术期刊编辑在评判一篇论文的时候，会希望在以上这些方面看到一些创新点，或者哪怕只是朝向创新的尝试。

一点提醒： 创新要有度！

关于创新，有一点需要特别注意，那就是"创新要有度"。

这个"度"，首先是要注意创新点在理论和实践层面的度，也就是说，创新点要有理论依据或实践凭据。千万不要"拍脑袋"创新，更不能用口头上、字面上的创新去糊弄审稿人。

其次是要注意创新点在数量上的度。创新点并不是越多越好。一篇学术期刊论文的篇幅是有限的，在有限的篇幅当中堆砌过多的创新点，既不现实，又不可能。有经验的期刊编辑绝不会因为作者声称"本文多处具有创新价值"而盲目乐观，反而可能因此降低对论文的评价。

五、有亮点

当然，一个选题想拥有一个或者多个创新点，确实是非常难的，对学术写作新手来说尤其如此。期刊编辑在评判一篇文章的选题时，也并不总是期望能看到足够有创新性的突破。事实上，一个选题能够在某个或某几个要素上有亮点可寻、可品，就已经是一个不错的选题了。对于新手来说，选题能有一处亮点就已经很让审稿人惊喜了。

所谓亮点，通常就是指选题在各个要素上与已有同类选题相比更加精巧和独特之处。比较常见的是深究设计的一些环节，如仔细斟酌研究对象的选取、研究工具的筛选与搭配等，从而显得与众不同；或者经过深刻的思考，对研究发现与结论做出独到的提炼等。

对写作新手而言，求创新点确实难度太大，但若退而求其次，专心打磨出一两个亮点，应该是努一努力就有可能达到的小目标。

一点提醒： 亮点不必太多。

学术写作新手容易误以为论文的亮点越多越好。但实际上，从期刊编辑审稿的经验来看，一篇论文的选题能有一个亮点，就已经能够争取到进入审稿流程的机会了；若能有两三个亮点，就足够让审稿人惊喜了。

如果一个选题中蕴含了很多亮点呢？会不会更有利于通过审稿？其实未必。尤其对于新手来说，人为制造亮点的结果可能导致心有余而力不足，直接将自己作为新手的短板暴露在审稿人面前。因此，一个好选题不必追求很多亮点，谨慎打造一个或者两个亮点就很好了。

六、能够解决期刊的难点问题和编辑的痛点问题

学术期刊编辑在筛选好选题的时候，当然也会从期刊和自己的工作实际需

要出发，考虑如何满足自己这一方的需求。

具体来说，学术期刊日常工作中有这样两个难点问题：高影响力学术论文哪里来？年度选题计划怎么完成？而学术期刊的编辑常常还需要解决自己工作中的这些痛点问题：多数来稿缺乏创新点和亮点；太多来稿的研究落脚点不稳；总有来稿的研究设计不严谨；看起来很规整的文章却使用了很落伍的研究技术；等等。

因此，当你给自己敲定选题的时候，也可以试试从学术期刊的难点问题与学术期刊编辑的痛点问题入手，去琢磨自己可以在哪些方面做一些努力。

一点提醒： 新手不妨关注期刊的年度选题计划。

对学术写作的新手来说，迅速、精准定位期刊的难点或者编辑的痛点确实不容易。但是，如果能够找到目标期刊的年度选题计划，是不是就省事多了？

至于怎么样才能快速找到你想要的学术期刊选题计划，我想建议你先尝试着自己琢磨琢磨，去动手找一找。

第四节
如何找到适合自己的好选题

快速找到适合自己的好选题，这恐怕是每一位学术写作者最真诚的愿望吧？但是这个愿望并不容易实现。一个有经验的学术写作者当然应该已经摸索出了适合自己的方法，能够尽快锁定好选题。但是，学术写作新手到底应该怎么做？

在这一节里，我打算和你一起再次切换到学术期刊编辑的视角，看看他们是如何圈定中意的选题或者选题范畴的，然后由此出发，讨论一下新手作者可以如何找到适合自己的好选题。希望你能从中总结出最适合你的那一套方法。

一、先看看：编辑如何确定中意的选题（范畴）

学术期刊编辑通常都有自己比较固定的选题套路，这些套路往往是多少年里一代一代期刊编辑总结并且传授的。在这里，我打算把其中一些套路分享给你，希望能给你一些启发。

需要解释的是，学术期刊大多广泛关注着某个学科中的多个研究领域，因此，编辑们致力于确定的是"选题范畴"，而不一定是具体某个"选题"。也就是说，如果只是为了完成本职工作，他们并不需要精确聚焦到单个选题上，而只需要发掘出有价值的"选题范畴"。但不管是"选题"还是"选题范畴"，挖掘和圈定的方法其实是相似的。

归纳起来，学术期刊编辑主要通过以下五个套路收集信息，圈定有价值的选题范畴。

第一个套路，习惯性收集和阅读相关政策文本。

即使是最纯粹的学术研究，也无可避免地要受到大环境的诸多影响。其中，政策环境是学术期刊编辑们尤为关注的。特别是教育领域的各种研究，往往与各种教育政策的变迁紧密相关。因此，学术期刊编辑们都有一个习惯：及时跟踪本领域以及相关领域的政策动向，收集并且阅读这些政策文本，关注权威性的政策解读，从中发掘有可能策划选题的落脚点。

一点提醒： 一定要从权威途径找到准确的政策文本！

不同领域的政策文本及权威解读可能有不同的官方发布途径。如果你也想养成及时收集和阅读政策文本的习惯，一定要寻找可靠的发布途径，如中国政府网、中华人民共和国教育部官网、新华网，等等。

第二个套路，有选择地参加本领域和相关领域的学术活动。

以线上或者线下形式开展的各种学术会议、学术论坛、研讨会是各个学科领域学术交流的常用方式。学术期刊编辑从入行的第一天起，就会积极关注这些学术活动信息，积极参加本领域的各类学术活动，及时更新自己对学术前沿的认知。当然，编辑们也会选择性地参加相关学科领域的学术活动，拓展自己的学术视野。

这些学术活动的信息通常在网上就能找到。一般来说，经常举办学术活动的机构会主动将相关信息广而告之，而本学科研究者、学习者集结的微信群里，也经常会有人热心分享各类学术活动的消息。

第三个套路，系统地开展有目的的文献检索和文献阅读。

在了解相关政策变动并参加过一些学术活动之后，学术期刊编辑并不会止步于此。他们通常还要根据从政策文本阅读和学术活动交流中收集到的信息，定期或者不定期进行系统的、有目的的文献检索，并对收集到的文献进行精读或泛读，从而进一步聚焦可能蕴含学术价值的选题范畴。文献检索和阅读的目的越明确，精读和泛读后的收获就会越大。

第四个套路，不定期咨询领域内的专家、学者。

前面三个套路足够帮助学术期刊编辑确定一个宽泛的选题范畴，但这可能还不够。学术期刊编辑还经常带着疑问，去向领域内专注于不同研究方向和研究主题的专家、学者请教，以期进一步发掘更有价值、更聚焦的选题范畴。

一点提醒： 咨询一定要有备而来！

咨询专家、学者时，请务必带着自己认真准备好的问题，和他们展开具体的讨论，这样会更有效率，也更能节约大家的时间。

第五个套路，和过往作者或潜在作者保持经常性沟通。

学术期刊编辑在日常工作中需要与已经在期刊上发表过文章的过往作者，以及未来可能发表文章的潜在作者打交道。在这个日常性的沟通过程中，他们不光会与作者沟通投稿、审稿、发表的事情，还经常会就作者正在开展的研究做一点讨论，期待从中捕捉到有价值的选题范畴。

除了这个五个常见、常用的套路之外，学术期刊编辑可能还会有个人独有的套路。不过，对学术写作新手来说，仔细琢磨这五个套路应该能得到足够多的启发。

二、具体来讲：新手作者如何用五个行动找到适合自己的好选题

首先，请和我一起回顾一下，什么样的选题才是适合自己的好选题？这个问题的答案可以切分为两个要点："适合"和"好"。

对于学术写作者来说，"适合"意味着适合个人的专业背景、工作背景，并且与个人擅长的研究类型与写作类型相契合。只有适合自己的选题，才有可能深刻理解并自如掌控。

而所谓"好"选题，首先要有明确的研究价值，其次必须有较大的发表机会。否则，不论作者自己主观上认定多么好，如果选题缺乏必要的研究价值，并且因为种种原因不能被学术期刊接受，是得不到学术交流机会的，自然也很难被学术界认可。这两点在前面也逐一讨论过了，在这里不再重复。

一点提醒： 适度追求"适合"二字。

我在这里强调"适合"，是想建议你脚踏实地，不要好高骛远，不要在自己把握不了的选题上浪费精力。

但是，新手也往往容易在"适合"二字上陷入另一个误区：只有完全适应我目前能力水平的选题，才是我能掌控的。

为什么说这是一个误区呢？所谓"学术写作新手"，大多在研究和写作两方面有所欠缺，并且正在通过不断地学习来努力提升。新手恐怕没必要追求完完全全的"适合"，否则可能会在选题过程中陷入个人"舒适区"而无法自拔，也无法进步。

因此，新手确定选题的时候，不妨保留某些选题要素的挑战性，特别

是研究方法等方面，鼓励自己通过对研究方法的系统学习弥补原有不足，逐步提高自己的研究素养。

接下来，咱们主要参照学术期刊编辑圈定中意选题范畴的五个套路，讨论一下新手作者如何通过采取以下五个行动，寻找适合自己的好选题。

行动之一，关注本领域相关政策变化。

毫无疑问，对政策变化以及最新政策文本的关注，应当是每一位研究者经常做的功课。多年来，学术期刊编辑一直不忘这一项工作。我建议作为学术写作新手的你也由此入手，了解本学科所处大环境以及大环境中政策热点的变迁，从而为自己初步圈定选题范畴奠定基础。

一点提醒： 慎选政策解读文章！

作为新手，初读政策文本肯定会觉得有些费力。没关系，你完全可以去找一些政策解读文章来读一读。前面我也说过，即使是有经验的学术期刊编辑也会这样做。但是，我必须再次提醒你：一定不要轻易相信网上流传的各种解读！一定要首选官方机构、官方网站提供的权威解读文章！

行动之二，积极参加本领域和相关领域的学术交流活动。

没错，我还想建议你立刻行动起来，积极参加自己所在学科领域以及相关领域的学术交流活动。不论是线上还是线下，不论是讲座还是论坛，多听有益。

作为新手，刚开始可以多参加线上举办的各种学术活动，相关的信息通常会提前发布在一些学术期刊、专业协会、大学院系的官网和微信公众号上。等你确信自己积累了一些专业知识，对本领域学术研究现状有了一定了解后，就可以挑选一些高价值的线下学术活动，去现场感受和学习。

慢慢地，随着你走上学术写作之路，积累了一些写作经验，不妨尝试向所在领域的学术会议投稿，争取一次会议发表机会，通过主动参与学术交流，探讨学术研究和写作这回事，摸索适合自己的好选题。通常，学术会议对收录论文的要求会略低于核心期刊对来稿的要求。

一点提醒：不要满足于被动参与学术活动！

什么是"被动参与"？仅仅是听报告，仅仅是接收别人宣讲的内容，这就是被动参与学术活动。即使是新手，也可以努力发挥主动性，带着问题去学术活动现场向专家和同行们请教，与他们面对面交流。这样的主动参与一定会让你收获很多意外惊喜。

行动之三，有目的地检索和阅读学术文献。

无论是学术研究还是学术写作，都永远离不开文献的检索、筛选和阅读。要想高效率圈定适合你的好选题，你一定需要经常做一件事：反复练习你的文献基本功，有目的地检索和阅读学术文献。

关于文献基本功的内涵，在这里我不打算多做重复。如果有需要，你可以重温一下本书关于"文献基本功"的内容。

行动之四，充分利用文献数据库的附加功能。

文献数据库并不只是无数文献的简单集合。一个成熟的文献数据库往往还会给用户提供丰富的附加功能。当你试图高效率锁定适合自己的好选题时，不妨充分利用文献数据库的这些附加功能。

在这里，我想以中国知网为例，和你一起了解如何借助文献数据库来探索好选题。

■ ▌**|任务 3-10|** 在确定选题的过程中，如何利用文献数据库的附加功能？

这个任务包括多个步骤。如果你能一步一步地将任务完成，就能初步了解如何利用文献数据库的附加功能了。

（1）登录中国知网，其主页面的上半部分如图 3-2 所示。

图 3-2　中国知网主页面的上半部分

（2）注意图 3-2 中检索框右边的两个选项："高级检索"与"出版物检索"。单击"出版物检索"选项，打开"出版来源导航"页面，如图 3-3 所示。

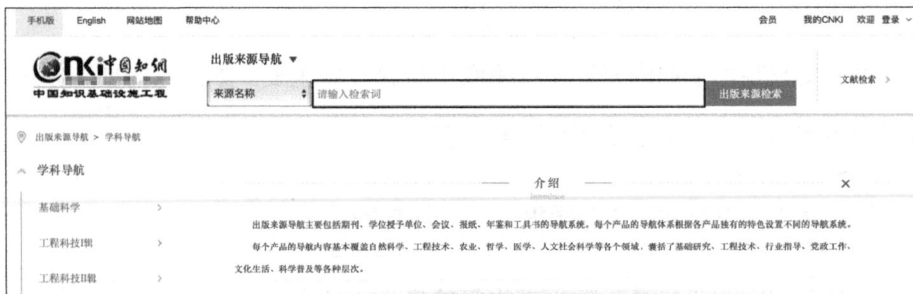

图 3-3　中国知网的"出版来源导航"页面

（3）在"出版来源导航"页面的检索框中输入你所关注领域中有代表性的学术期刊刊名。在这里，我想以《中国远程教育》期刊为例。在检索框中输入刊名后，按回车键，打开图 3-4 所示的页面。

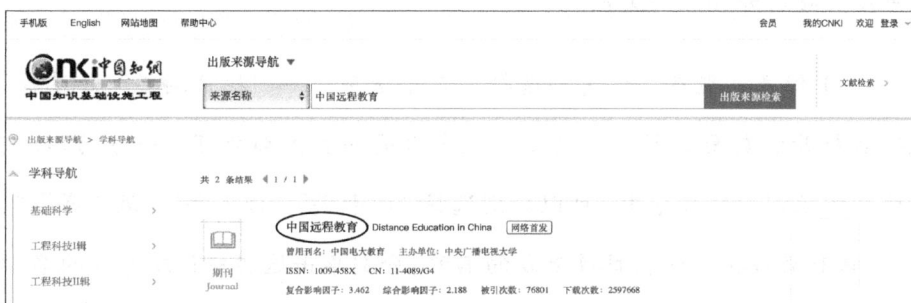

图 3-4　学术期刊检索页面

（4）单击该期刊的刊名，打开该刊在中国知网的详情页，如图 3-5 所示。

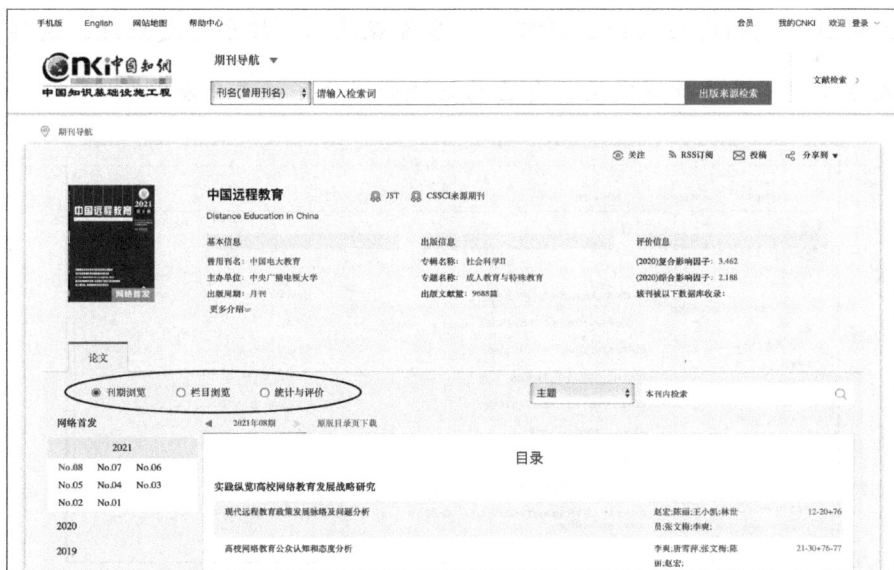

图 3-5　学术期刊在中国知网的详情页

（5）请注意图 3-5 中用椭圆圈出来的三个选项：刊期浏览、栏目浏览、统计与评价。通常系统默认的是第一个选项，即"刊期浏览"。在这个状态下，你在页面上看到的是该期刊每年、每期发表的文献标题。单击标题，就可以直接打开相应的文献。

（6）但是，现在，你需要选择第二个选项——"栏目浏览"。选择该选项后打开的页面如图 3-6 所示。这个页面的主体部分可以一分为二。在左边窄方框圈出的部分中，可以分别选择"近十年""近五年""近三年""近一年"该刊曾经推出的栏目或专题的名称。分别单击这些栏目或专题的名称，可以在该页面右边宽方框中看到该时间段内该刊的某个栏目或专题下包含的文献。同样，单击文献标题，就可以直接打开相应文献。通过逐一浏览不同时间段内的栏目或专题，并且逐一浏览各栏目或专题下的文献，你是不是对这本期刊所关注的选题有了许多直观认识？换个角度来说，这些栏目或专题是不是为你圈定适合自己的好选题提供了很多信息？

图 3-6　学术期刊主页的"栏目浏览"页面

（7）再选择图 3-5 中椭圆圈出来的三个选项中的第三个选项——"统计与评价"，此时打开的页面如图 3-7 所示。这个页面的主体同样可以一分为二。左边窄方框中是"期刊年度出版概况""学术热点动态"两个菜单，其下各有不同选项。右边宽方框中显示的是单击左边菜单下的选项后的结果。

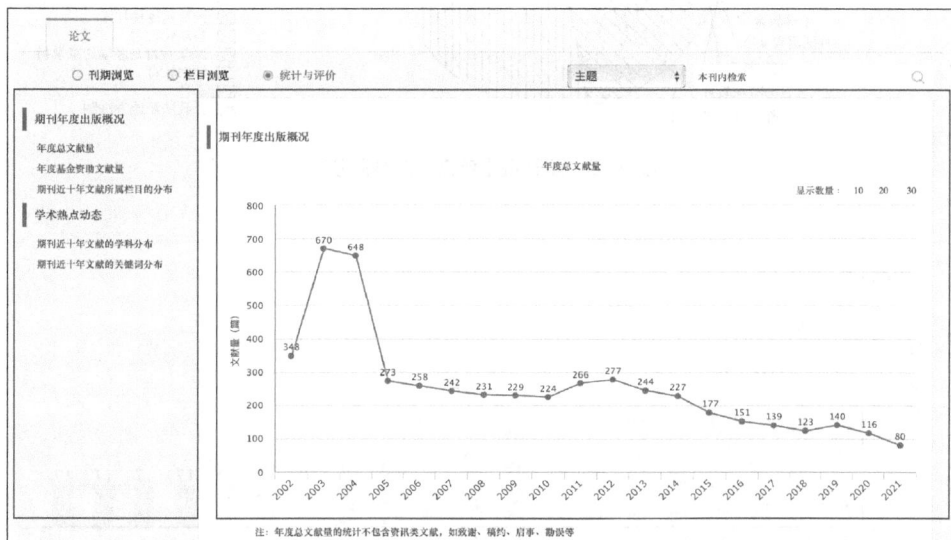

图 3-7　学术期刊主页的"统计与评价"页面

（8）在图 3-7 左侧的菜单中，能帮助你确定适合自己的好选题的，应该是"学术热点动态"菜单下的两个选项："期刊近十年文献的学科分布"（单击后打开的页面如图 3-8 所示）和"期刊近十年文献的关键词分布"（单击后打开的页面如图 3-9 所示）。这两个功能能为用户呈现这本期刊近十年的文献在不同学科和关键词中的分布，那些排名靠前的学科和关键词是不是能帮助你圈定有发表价值的选题？

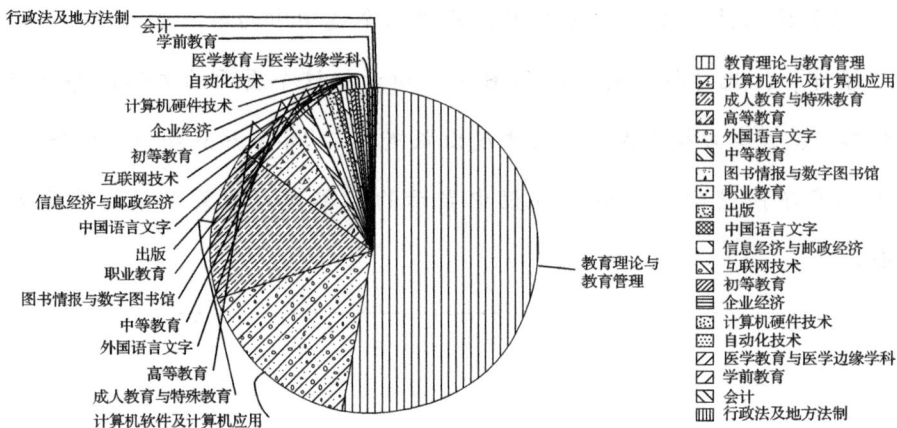

行政法及地方法制
会计
学前教育
医学教育与医学边缘学科
自动化技术
计算机硬件技术
企业经济
初等教育
互联网技术
信息经济与邮政经济
中国语言文字
出版
职业教育
图书情报与数字图书馆
中等教育
外国语言文字
高等教育
成人教育与特殊教育
计算机软件及计算机应用

教育理论与教育管理

教育理论与教育管理
计算机软件及计算机应用
成人教育与特殊教育
高等教育
外国语言文字
中等教育
图书情报与数字图书馆
职业教育
出版
中国语言文字
信息经济与邮政经济
互联网技术
初等教育
企业经济
计算机硬件技术
自动化技术
医学教育与医学边缘学科
学前教育
会计
行政法及地方法制

图3-8 期刊近十年文献的学科分布

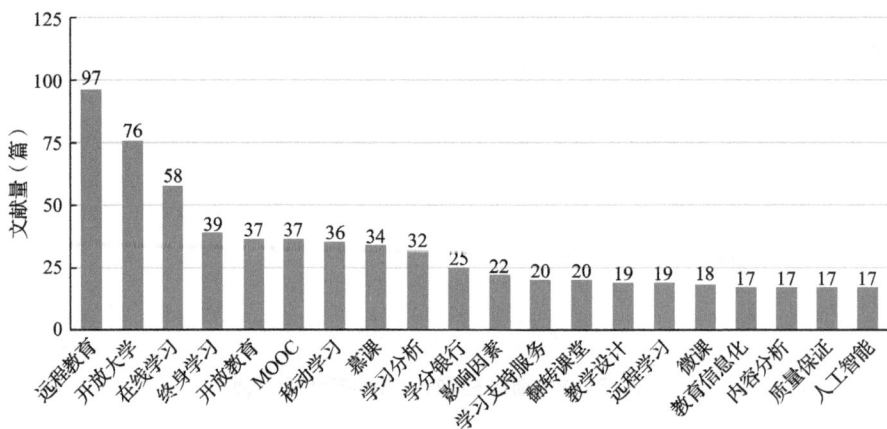

图3-9 期刊近十年文献的关键词分布

（9）至此，你还没有探索完中国知网有助于你圈定选题的所有附加功能。在页面右侧，与"刊期浏览""栏目浏览""统计与评价"这三个选项齐平的位置，有一个小小的下拉按钮和检索框。单击下拉按钮，打开这个下拉菜单，能看到13个选项，基本与中国知网提供的文献检索方式对应，如图3-10所示。其中，主题检索与关键词检索更适用于为圈定选题而进行的刊内检索。你可以选择这两个检索方式中的一种，在旁边的检索框内输入你感兴趣的选题，看看这本期刊已经发表了多少篇相关文献，以及这些文献分别聚焦在哪些研究切入点上。

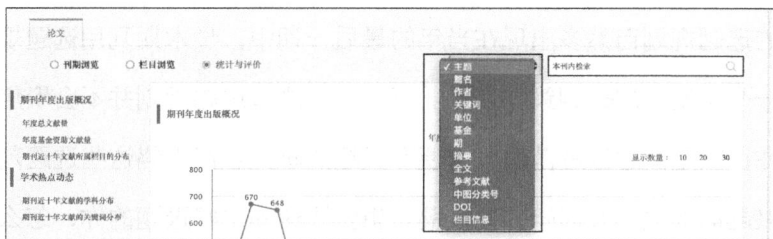

图 3-10　学术期刊主页中的刊内检索功能

我已经向你介绍了如何利用中国知网的附加功能快速获取专业而精准的信息，帮助自己圈定合适的好选题。只要你选择的学术期刊在该领域具有足够的典型性，你就一定能获得足够有用的信息。至于什么样的学术期刊才算"具有典型性"？对于新手来说，最轻松的判定方法就是寻找本领域的核心期刊。

一点提醒： 没有中国知网账号，也能使用这些附加功能！

　　大家都知道，在中国知网下载文献是需要登录账号的。但是在这里，我需要特别说明一下：前面介绍的这些附加功能，全部都是中国知网免费提供的。也就是说，你并不需要登录中国知网的账号，就可以使用这些附加功能。

行动之五，定期翻阅本领域的学术期刊。

如果想尽快找到适合自己的选题，特别是既有学术研究价值又有学术发表价值的选题，一定要定期翻阅本领域的学术期刊。此时，你需要做的并不是逐篇精读或者泛读学术期刊上发表的文章，而是应该专门关注：学术期刊当年和下一年的选题规划，当年的总目录，以及最近几期的目录。

学术期刊当年的选题规划通常在前一年最后一期和当年第一期中刊出，而下一年的选题规划自然多出现在当年的最后一期中。学术期刊用选题规划来宣示刊物一个年度内的选题策划焦点。事实上，这些选题规划并不会聚焦到单个选题，往往只是概述选题范畴，方便有兴趣的研究者们围绕这些选题范畴选择各自感兴趣的选题，开展研究并投稿。想要快速锁定好选题的你，怎么能漏掉各家学术期刊的选题规划？

学术期刊当年的总目录一般都刊发在当年的最后一期当中，其中包含该期刊当年所刊发的全部学术文章的标题。有些期刊还会按栏目或者选题类别对这些文章进行分类呈现。这样岂不是太适合你拿来分析有发表价值的选题近一年的发表情况了？

学术期刊最近几期的目录，毫无疑问也反映了该期刊当下特别关注哪些学术选题，因此，你也有必要拿来看一看，了解一下学术发表的最新动态。

学术期刊选题规划、总目录和目录，通常都能在文献数据库中下载或查阅。当然，找到期刊纸本，直接翻看，也许对新手来说会更方便、更直观一些。

一点提醒： 及时总结，及时记录，经常回顾！

> 不论你最后打算用什么样的办法找到适合自己的好选题，都要特别注意一点：及时总结，及时记录，经常回顾！

你在整个探索过程中随时可能有收获、有感悟，也可能突然对自己之前的想法质疑或再度确认。一定要养成勤记笔记的好习惯，把你读到的、想到的及时总结到笔记文档里，并且经常回顾你的笔记。只有这样，你才有可能不漏掉任何智慧的闪光，不断思考、不断进步。

三、归结起来：普通作者确定选题时的五个误区

根据多年来审稿的经历，我想在这一节的最后为你总结一下普通作者确定选题时容易走入的五个误区。

误区之一，选题越宏大，论文越优秀。

很多学术写作新手在琢磨选题的时候，往往误以为越宏大的选题越有吸引力，越宏大的选题越有可能被审稿人相中。但其实，这是最大的一个误区。宏大的选题到底好不好，这个没法一概而论。但是有一点可以肯定：把握一个宏大的选题，需要丰富的研究经验和写作经验，更需要具备对这个选题的深刻理解。而这些，想必不是一个学术写作新手能够轻松获得的素养。

因此，在你选择适合自己的好选题的时候，最好充分结合自己各方面的特点，从能自如掌控的选题入手，不要过分追求宏大叙事。如果凭着一腔热情选取了一个大而空的选题，完全超出自己的研究经验和写作经验范畴，就很有可能白白浪费时间和精力，即使勉强成文，也很难通过审稿，获得发表机会。

误区之二，文献综述最好写。

文献综述也是很多新手容易选择的写作类型。看起来，文献综述确实不难，

只要对文献进行检索、筛选、阅读、评述，似乎一篇论文就成了。但是，真的是这样吗？

其实，对文献进行综述，并不是拿到文献后阅读并写作这么简单。其中，作者至少需要对相关主题的研究和实践情况有充分的理解与深入的思考，最好还能够围绕问题展开综述，而不是单纯就文献谈文献。否则，写出来的综述论文很可能缺乏足够的学术价值，更无法为相关研究和实践提出有建设性的意见。

在本书后面的章节里，我也会和你一起讨论如何写一篇综述论文，包括写作过程涉及的基本功和必经的步骤。到时候你就会明白，作为学术写作新手，你需要下多大功夫才能完成一篇综述论文的写作。

误区之三，政策解读、报告解读最省事。

当学术写作新手试着关注选题相关领域的国家政策或行业报告的时候，往往会有一个想法：要不，就写一篇政策或者报告文本的解读文章？这恐怕又是新手需要警惕的一个误区。

没错，各家学术期刊经常刊登最新政策或报告文本的解读性论文，你一定也读过不止一篇。这样的论文看起来很简单，似乎是只要读了就能写，只要写了就能成文，只要成了文就会有发表机会。可是，等你完成下面这个任务，你也许会发现：事实可能并非如此……

■ **|任务 3-11|** 政策文本解读论文是不是写起来很容易？

（1）挑选你很熟悉的工作领域或者研究领域，搜索几篇该领域的政策文本解读论文。

（2）将这几篇文章的标题记录在新建的文档中。此时，不要阅读文章的摘要，更不要阅读正文。

（3）假设你要就这几篇论文涉及的政策文本展开解读，逐一在每个标题下写下你对该政策文本的理解和评价，将其归纳成几个观点，最后结合实践给出几条建议。

（4）再次打开这几篇论文，将你的观点和建议与文中的观点和建议进行对比。此时，你对政策解读类论文的写作难度，是不是有了新的感受？

误区之四，人家写，我也写。

不光是新手，其实很多人都倾向于参照已有论文的选题来确定自己的选题，俗称"跟风"。前面我也向你介绍过怎样利用文献数据库的附加功能、怎么高效率翻阅学术期刊，为自己确定选题提供支持。在这个过程中，你应该也看到了很多学术论文的选题，也许闪念之间也曾想模仿其中某些题目，写一篇自己的论文。毕竟，人家写了能发表，咱写了那也一定有机会发表吧？

究竟是不是人家写了，那咱也能写，这个也是没法一概而论的。过度的跟风肯定不好，同一家期刊不可能在同一个选题范畴内无限制地接受高度相似的来稿；但是适度的跟风确实有利于抓住发表机会。到底怎么办？新手还是要注意"适合"二字：一个选题首先要适合自己，然后自己才有可能比较轻松地驾驭。盲目认为人家写，我也可以写，恐怕容易浪费精力。

误区之五，没人写，我来写。

既然跟风要适度、要谨慎，那是不是没人注意到的选题最值得写呢？别人不写，咱来写啊！没人就这个选题发表过论文，那岂不是咱们的好机会？

发现一个无人关注的好选题，这当然是一件值得惊喜的事情。然而，还是那句话，如果你是新手，那还是应该谨慎、再谨慎。在你所关心的领域当中，一定有很多颇有经验的研究者正在努力发掘有价值的选题，如果他们都没能看到这个选题的价值，那你是不是应该停下来反思一下：为什么他们都忽略了这个选题？这是他们无意的疏漏，还是有意的放弃？不论这些问题的答案究竟是什么，至少一名新手很难下定论。与其为之反复纠结、忐忑不安，不如把这样的选题记入自己的笔记本里，待将来时机成熟，回头再论。

当然，当你慢慢具备了丰富的研究经验和写作经验后，你筛选、评判选题的眼光也会变得成熟起来，你会有足够的信心去判断一个无人关注的选题到底有多大的研究价值和写作价值。

第**五**节
实战：五步聚焦一个好选题

一、花多少时间来确定选题

在开始介绍选题聚焦的"五步法"之前，我想先和你讨论一个很现实的问题：你打算花多少时间来聚焦一个选题？一个小时，一个下午，一天，还是一个星期？

之所以提出这个问题，是因为我发现，学术写作新手容易小看确定选题的工作量，往往误以为：就一个选题嘛，半天到一整天时间总该够了吧？

可实际上，选题阶段往往是整篇论文的写作过程中最费时间、最耗脑力的阶段之一。在这个阶段，你需要回顾自己过往的实践、琢磨自己能够做的研究、了解已有的相关学术成果，通常还需要多次向同行、同事、同学请教，反复与之讨论，其间花费的时间和精力，怎么可能少？

当一名成熟的作者为自己制订一篇学术期刊论文的写作计划时，他可能会预留出至少10%～30%的精力或时间供自己逐步聚焦、修正并最终确定选题。当然，这个选题聚焦的过程也许不是专门坐下来、一次性完成的，很可能分散在日常的研究和工作当中。不过也有例外：当作者掌握了必要的研究方法和写作技巧之后，他花费在选题上的时间有可能更短。比如，当中意的选题与工作紧密结合，并且已是其系列化研究链条的一个环节时，聚焦选题的时间可能短于写作时间的10%；当中意的选题是在其过往研究基础上进行的新突破时，自然需要多费一些时间去斟酌和讨论，甚至有可能需要学习新的研究方法，那么聚焦选题的时间很可能多于写作时间的30%。

建议学术写作新手在学术写作计划中预留至少30%的精力或时间，供自己从容地确定适合自己的好选题。

二、选题聚焦的五步法

这个部分将介绍选题聚焦的五步法。

在正式开始了解这个"五步法"之前，建议你先回顾一下什么是"选题范畴"，以及什么是"选题"。相关内容在本书的第一章中已进行过详细的介绍。当你回顾的时候，请特别留意前文关于以下几个问题的讨论。

- 什么叫"选题范畴"？
- "选题范畴"与"选题"有什么不同？
- 为什么要先圈定选题范畴，而不是直接锁定一个优秀的选题？
- 选题范畴的圈定对选题的聚焦有什么帮助？
- 什么是"选题"？
- 为什么要逐步聚焦而不是一次锁定选题？
- 不够聚焦的选题会对学术写作造成什么影响？

接下来，让我正式推出选题聚焦的"五步法"，如图 3-11 所示。这五步分别是：圈定选题范畴；开展文献研究和实践探索；进一步聚焦选题；进一步开展文献研究；明确选题。如果认真观察这张图，你一定会发现，这五步当中有一个小循环，由"进一步聚焦选题"和"进一步开展文献研究"构成。没错，这两个步骤不能一次性完成，你在聚焦选题的过程中往往要多次重复这两个步骤，直到最后明确聚焦到你需要的那个选题上。

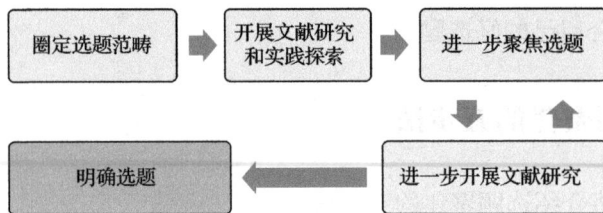

图 3-11 选题聚焦的"五步法"

下面我想对这五个步骤做一个简单的介绍。如果你在本书前面的章节中已经充分理解了"选题范畴"与"选题",并大致掌握了文献基本功,相信你很容易就能理解上图所示的"五步法"。

第一步,圈定选题范畴。

你已经知道,选题范畴是一个比较小的研究领域,其中可以包含多个有价值的选题。因此,选题范畴是你最后确定选题的起点。

至于如何圈定选题范畴,本章第四节已经建议你关注本领域相关政策变化,积极参加本领域和相关领域的学术交流活动,充分利用中国知网等文献数据库的附加功能,以及定期翻阅本领域的学术期刊等。当你通过这些逐渐熟悉相关政策热点和学术研究热点,了解近期学术发表的动向后,再在此基础上结合自己工作、研究、写作各方面的特点,就可以初步圈定适合你的选题范畴了。

第二步,开展文献研究和实践探索。

在初步圈定选题范畴之后,你一定要进行扎实的文献研究,了解这个选题范畴已经刊发了哪些有影响力、有价值的学术文献,并可以进一步了解这些文献涉及的研究方法、获得的研究发现与结论,为下一步的工作提供必要的文献支持。

与此同时,还很有必要在文献研究的基础上,反复琢磨自己日常开展的实践,从最熟悉的事情当中确定更适合自己的选题生发点。

第三步，进一步聚焦选题。

接下来，你需要将初步的文献研究和实践探索的结果落实到选题上，将你在第一步中圈定的选题范畴尽可能地缩小，排除确实没有可行性的选题。当然，仅仅进行过初步的文献研究和实践探索，确实很难彻底完成选题的聚焦。因此，你还要进行下一步工作。

第四步，进一步开展文献研究。

你需要针对进一步聚焦后的选题范畴，再次进行文献研究。这时候，你需要将聚焦后的选题范畴拆分成几个主题词，在文献数据库中检索这几个主题词的相关文献，再次了解在缩小后的选题范畴中，已经出现了哪些成熟的、有影响力的研究成果，这些研究成果采用了哪些研究方法、获得了什么样的研究发现和结论，等等。

有了通过进一步的文献研究收集到的信息，你就可以回到上一步，继续聚焦选题。如果经过几次聚焦，确定了几个备选的选题，那么你需要通过最后一次文献研究，对几个备选选题进行评判，特别是就其可行性、创新性、发表价值进行评判。

一点提醒： 勤做笔记！

> 在反复进行文献研究和选题聚焦的过程中，你很可能随时会有新的发现，脑子里随时会冒出新的想法。如果不把这些思想火花记录下来，很可能过几天就淡忘了吧？

因此，建议你在这个过程中勤做笔记，把自己的所想所念都及时记录下来。即使是过程中被排除的那些选题，也不妨一一记好。等过一段时间，在你积累了足够的研究经验和写作经验之后，也许过去不适合自己的选题就会变成适合你的好选题了。

第五步，明确选题。

至此，经过前面四个步骤的工作，你应该基本可以确定适合自己的好选题了。但是，关于选题的工作还没有结束。在这最后一步，你还需要结合前面关于选题五要素的学习，逐一调整、完善各个要素，仔细斟酌选题的整体表述，力争打磨出一个最佳选题。

■ **|任务 3-12|** 试试看，用五步法寻找适合你的好选题！

你一定还记得，在任务 3-2 中，你曾经给自己选定过一个研究方向，并且将其拆分为 2～3 个主题词，在文献数据库中进行过文献检索。现在，请你回忆这个研究方向，用它来完成本章最后的这个任务。

（1）从你确定的这个研究方向出发，把它当作你初步设定的选题范畴，记在你的"选题五步法笔记"文档里。表 3-10 或许可以供你参考。

表 3-10　选题五步法笔记

选题聚焦的步骤	各步骤的笔记
初步设定的选题范畴	
第一次文献研究的启示	
第一次实践探索的启示	
进一步聚焦选题	

选题聚焦的步骤	各步骤的笔记
进一步开展文献研究	
……	
聚焦完毕后获得的选题	
修改完善后的选题	

（2）使用你拆分的主题词，登录一个文献数据库（如中国知网），再次进行文献检索。请充分发挥你的文献基本功，从检索结果中寻找启示，并记入你的笔记，为后面聚焦选题做准备。与此同时，围绕初步设定的选题范畴，回顾你自己的工作实践，寻找能够帮助你聚焦选题的信息，并把重要信息记入你的笔记。

（3）结合前一步获得的启示，尝试缩小选题范畴，并将缩小后的结果和受到的启发记入你的笔记。此时，不必着急一次性聚焦到单个选题。要知道，即使是成熟的研究者也很难做到一次成功，而且他们都会清醒地知道完全没必要一次成功。

（4）根据缩小后的选题范畴再次开展文献研究，并将这一次得到的启示记录下来。

（5）重复前面的（3）和（4），直到最后基本完成选题的聚焦，获得此时最适合你的好选题。别忘了，每一次重复（3）和（4），都要尽可能把当时的想法记录下来。

（6）按照选题五要素，细致打磨选题的各个要素，斟酌整体表述，多修改几次并把最终的成果记录在笔记中——这，就是属于你的选题了！

第四章

规范：
学术期刊论文的底线

本章导读

　　本章将为你介绍学术期刊论文在各方面应当遵循的规范，具体内容如图 4-1 所示。这些规范全面涉及论文的框架、正文、参考文献以及语言。如果你能充分了解这四个方面的规范，一定可以快速打造一篇合规的学术期刊论文。如果你能根据这四个方面的规范修改已经写好的论文，一定能大大提高通过审稿的概率。

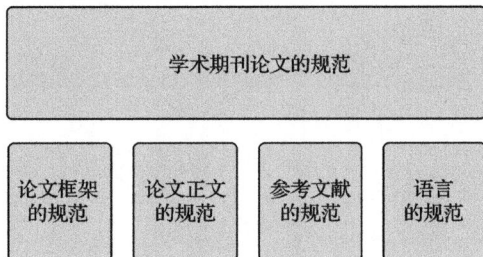

图 4-1　学术期刊论文的规范

　　本章主要介绍了学术期刊论文的框架、正文、参考文献、语言在完备性、逻辑性等方面应遵循的各项规范。其中重点介绍了正文七个基本模块的相关规范，并详细讨论了参考文献的引用、标注与排列需要遵循的规范。

毋庸置疑，这一章所涉及的规范，既关系到学术期刊论文的上述四个重要侧面，也关系到学术期刊论文审稿的关键评价维度，非常重要！但是这些规范学起来并不难，只要你充分了解、用心练习，就一定能熟练掌握。

那么，让我们一起努力，争取圆满完成本章的学习任务吧！

本章学习要点 >>

- 掌握学术期刊论文框架应遵循的规范。
- 掌握学术期刊论文正文应遵循的规范。
- 掌握学术期刊论文参考文献应遵循的规范。
- 了解学术期刊论文语言应遵循的规范。

第一节
学术期刊论文框架的规范

在这一节中，我将介绍学术期刊论文框架应当遵循的规范，以及作者们在这方面容易出现的问题，这些问题往往也是审稿过程中十分常见的。

需要特别说明的是，由于参考文献既是正文的重要组成部分，也是论文文后部分的唯一核心，更是审稿人评判全文学术规范水平的重要依据，并且与之有关的规范性要求特别琐碎，因此，我将参考文献的相关规范单列为本章第三节，在本节就不过多涉及了。

在本书第二章，我已经向你介绍过学术期刊论文框架应包含的九个普适元素。在开始本节内容之前，先请你完成下面的任务。

■ |任务 4-1| 一起回顾学术期刊论文框架的九个普适元素吧！

（1）请你先回忆一下：学术期刊论文的总体框架可以分为哪三大部分？把这三大部分的名称填写在图 4-2 中相应的位置。

（2）再请你回忆学术期刊论文总体框架中每个部分应包含的元素名称，将它们也逐一填写在图 4-2 中合适的位置。

（3）最后，请你把书翻回到第二章，对照图 2-2，核对一下你完成的图 4-2，看看有没有疏漏的地方。如果有，请更正。

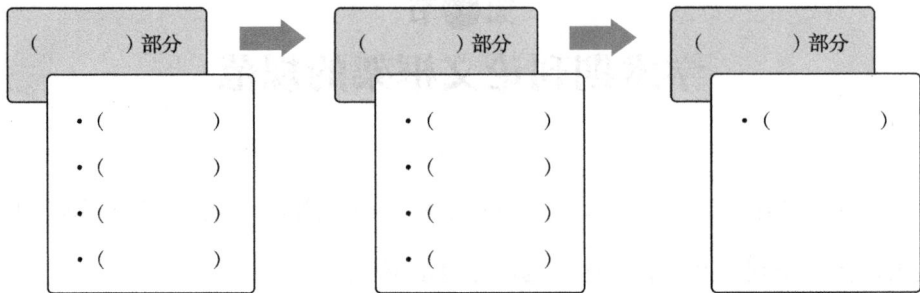

图 4-2　回顾学术期刊论文框架的九个普适元素

一、论文框架需要遵循的基本规范

在本书第二章第一节中，我和你初步讨论过学术期刊论文框架的评判标准。该标准蕴含了学术界关于学术论文框架的一些共识，即搭建论文框架时需要遵循的基本规范。这些规范可以概括为以下三点。

1. 框架结构完整，九个元素基本齐全

通过前面的学习，你已经了解到：只有借助完整的论文框架，才能讲述一个完整的学术研究故事。"结构完整"也是审稿人和读者拿到一篇文章时最基本的期待。因此，我把关于"完整"的规范视为论文框架的三个规范之首。另外，我也希望你在结束这一节的学习之前，能够牢牢记住学术期刊论文总体框架的九个普适元素。

■■　**|任务 4-2|**　这些论文的框架都足够完整吗？

这个任务需要你收集一些学术期刊论文，评判一下这些论文的框架。

当然，你可以使用你在前面各章中已经收集到的文献，然后直接从本任务的第（6）步开始做。可是如果你觉得自己在文献检索方面的基本功还需要再练习练习，那不妨从本任务的第（1）步开始。

（1）在任务3-12中，你应该已经确定了自己感兴趣的选题，在这个任务中，你会再次用到这个选题。如果你此刻有了更感兴趣的新选题，也不妨用一用。现在，就请把你当下最感兴趣的选题写在下面。

我感兴趣的选题：＿＿＿＿＿＿＿＿＿＿＿＿＿＿＿＿＿＿＿＿＿。

（2）将你感兴趣的选题拆分为2～3个主题词，按照其与主题的相关性由大到小排序，写在下面。

主题词1：＿＿＿＿＿＿＿＿＿＿＿＿＿＿＿＿＿＿

主题词2：＿＿＿＿＿＿＿＿＿＿＿＿＿＿＿＿＿＿

主题词3：＿＿＿＿＿＿＿＿＿＿＿＿＿＿＿＿＿＿

（3）参照之前学习的检索技巧，登录中国知网，用这几个主题词进行主题检索，然后按照被引量的高低，对近5年的文献进行排序。

（4）注意最靠前的10篇文献，将它们下载下来，保存在同一个文件夹里，将这个文件夹命名为"4-1"。

（5）再选择被引量为0、发表时间距今至少5年的10篇文献，将它们下载下来，保存在另外一个文件夹里，将这个文件夹命名为"4-2"。

（6）分别阅读这20篇文献，评判一下它们是否具备完整的论文框架，并做好笔记。表4-1可以供你参考。如果某篇文献具备某个元素，就在对应的方格中打"√"。

表4-1　判断论文框架的完整性

文献编号	文前部分				正文部分				文后部分
	标题	摘要	关键词	作者信息	正文标题	正文	图片	表格	参考文献列表
1									
2									
3									
……									
20									

（7）如果你发现有些文献的框架不够完整，请思考以下问题。

- 不完整的框架给你什么样的观感？

- 如果你是审稿人，会给作者提出什么样的修改建议？

- 如果你是作者，你打算如何完善现有框架？

关于学术期刊论文总体框架的九个元素，需要说明的一点是：不是每篇论文都会用到图片和表格。但是，如果内容涉及文字很难描述清楚的过程、场景、结构，建议你试试用图片来辅助表达；如果内容涉及较多项目的比较、数据的呈现，则建议你考虑用表格来展示。精心选取的图片和精心设计的表格往往会有纯文字不能比拟的直观效果，因此，我斟酌再三，还是把图片和表格纳入了学术期刊论文总体框架的九个普适元素之中。

2. 框架内各个元素的排列合乎逻辑

本书的第二章对学术期刊论文框架的九个普适元素进行了排序。可以说，这个顺序基本吻合大多数学术期刊论文的框架。但也许会有一些论文有所例外。比如，作者信息的位置，英文标题、英文摘要与英文关键词的位置等，可能会有不同的安排。这也没关系，待你投稿之前根据目标期刊的要求稍作调整就行了。

但不论这些元素如何排布，论文框架都应体现出必要的学术研究逻辑和学术写作逻辑。因此，当你斟酌每个元素如何排列的时候，你要牢记以逻辑清晰为首要规范，而不必拘泥于何人、何书在何处说过应当如何安排元素的顺序。

3. 框架内各元素要点突出

为什么"要点突出"也算是需要遵循的规范之一呢？因为学术期刊论文框架的九个普适元素各有各的要点。对此，你应该已经从第二章的介绍中有所了解，这里不打算赘述各个元素的要点了。请你和我一起完成下面的任务，重温一下各个元素的要点。

■ **|任务 4-3|** 还记得学术期刊论文框架九个元素的要点吗？

（1）在表 4-2 中，我结合第二章的内容，为你列举了九个元素应当具备的一些要点。请你看看是否有不赞同的地方。如果有，请给出你的依据。

（2）再请你打开你在前面的任务中创建的文件夹"4-1"，快速阅读其中的每一篇论文，特别留意其九个元素所具备的要点，结合你在进行前一个步骤时产生的想法，将你觉得需要补充的要点也记在表4-2中。

表4-2 学术期刊论文框架九个普适元素的要点

框架元素		要点小结	我认为还需要补充以下要点
文前部分	论文标题	简明；突出选题；无冗余	
	摘要	要素齐全；尽量避免第一人称的表述；篇幅长短适宜；附有对应的英文摘要	
	关键词	数量合适；充分体现选题的特征；不存在无效关键词；附有对应的英文关键词	
	作者信息	要素齐全；作者信息的排序与作者姓名的排序一致	
正文部分	正文标题	表述清晰；级别恰当；风格统一	
	正文	基本采用书面语，而非口头语；表述清晰；无语法错误	
	图片	能辅助文字表达；内容清晰；排序正确	
	表格	能辅助文字表达；设计合理；排序正确	
文后部分	参考文献列表	与正文中引述的参考文献一一对应；每一条参考文献信息都是完整的；排序正确	

二、论文框架中常见的规范问题

简单归结起来，学术期刊论文框架中常见的规范问题无非如下三大类，每一类都与框架的规范相对应。

第一类，元素缺漏。

对于学术写作新手来说，最容易忽略的元素应该是英文摘要、英文关键词、参考文献列表。请你在写作的时候一定格外留意，投稿前也要将这几个元素核对清楚。

新手在运用图片和表格这两个元素时也可能不够娴熟。新手通常还不能灵活使用图片和表格来完善、丰富纯粹用文字表达的内容，因此倾向于干脆去掉图表。但是，为了尽快成为有经验的学术写作者，还是很有必要多练习图表的运用的。

此外，新手也容易纠结要不要在投稿时附上详细的作者信息。这一点请一定严格遵照目标期刊的相关要求。若目标期刊要求原文不透露任何作者信息，请一定去掉相关信息。当然，你完全可以放心，提出这一要求的学术期刊一定会在投稿系统中要求作者准确填写各项信息。若目标期刊没有对此提出明确要求，我建议你在原文中给出详细、完整的作者信息，特别是第一作者或通讯作者的全部联络方式，包括通信地址（含邮政编码）、电子邮箱、固定电话号码、手机电话号码。

第二类，元素顺序颠倒，逻辑链条混乱或不清晰。

学术期刊论文框架中各个普适元素的顺序相对固定，因此，元素顺序颠倒问题在已发表论文中比较少见。但九个元素的内容也存在研究逻辑和写作逻辑上的关系，需要前后承接、相互呼应，而这是新手在写作时容易忽略的。要想确保九个元素所构成的逻辑线条清晰、不凌乱，还是得多阅读优秀文献，并且多练习框架的搭建乃至整篇论文的写作。

第三类，各元素的要点不突出或者干脆缺失。

前面已经说过了，学术期刊论文框架的九个普适元素各有需要强调的要点。新手初次写作时容易疏漏其中一个或多个要点。其实这并没有太大的关系，只要你愿意对照每个元素的要点，反复修改、完善，就完全可以在这个打磨的过程中稳步提高自己把握要点的能力。

这个过程当然会费时费力,但是这样的付出一定是值得的!如果论文中重要元素的要点缺漏或者不突出,投稿后往往无法进入审稿流程,从而遭遇退稿。

■■ **|任务 4-4 |** 这些文献的框架有何不规范之处?

(1)请你打开你在前面的任务中创建的文件夹"4-2",快速阅读其中的每一篇文献。

(2)如果哪篇文献的框架存在不规范之处,请你概括记录在表4-3中。

表4-3 寻找文献框架的不规范之处

文献编号	框架存在哪些不规范之处	你认为可以如何修改
1		
2		
3		
……		
10		

(3)根据你在表4-3中做的记录,选择一篇框架不够规范的文献,针对其不规范之处,细细思考给出你的修改建议。

第二节
学术期刊论文正文的规范

这一节内容涉及的是学术期刊论文框架九元素中最重要的元素之一:正文。

我将向你介绍正文七个基本模块需要共同遵循的规范，希望能帮助你避免我在过往的审稿经历中常常遇见的那些问题。

在开始本节内容之前，请你先完成下面这个任务，借此对正文的七个基本模块做一个简单的回顾。

■▥ **|任务4-5|** 一起回顾学术期刊论文正文的七个基本模块吧！

（1）请你先回忆一下学术期刊论文正文的七个基本模块，并把每个模块的名称填写在图4-3中相应的位置。

（2）再请你把书翻回到第二章，对照图2-1，核对一下你完成的图4-3，看看有没有疏漏的地方。如果有，请更正。

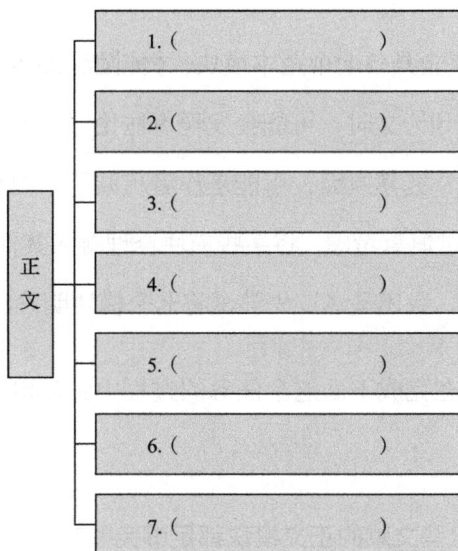

图4-3　回顾学术期刊论文正文的七个基本模块

一、学术期刊论文正文需要遵循的基本规范

学术期刊论文正文所应遵循的规范，当然与学术期刊论文框架应遵循的规范基本一致：完整，合乎逻辑，要点突出。这三条规范对正文的要求，又与其对论文框架的要求以及对其他元素的要求略有不同。此外，学术期刊论文正文还需要遵循一条独特的规范：详略得当。下面，我将逐条介绍学术期刊论文正文需要遵循的这四条基本规范。

1. 正文结构完整，七个基本模块都具备

正文是学术期刊论文的核心元素，也是作者所讲述的学术研究故事的核心内容。因此，正文结构是否完整，直接关系到整篇论文的完整性，进而会影响审稿人对整篇论文的评价。

一般来说，只有完全具备七个基本模块，才能圆满讲述一个研究故事。不过，当你阅读一些学术期刊论文时，可能会发现有些论文并没有把七个模块清晰呈现出来。这是为什么？究其原因，可能是作者疏漏了，但也很可能是作者基于丰富的写作经验，经过慎重考虑，将某些模块合理融入其他模块的表述当中了。但对学术写作的新手，我还是建议先尝试将七个模块明确区分开来。

接下来，就请你在完成下面这个任务的过程中强化自己对正文七个基本模块的直观认识。

■ |任务 4-6| 这些文献的正文模块都足够完整吗？

（1）请你打开你在前面的任务中创建的文件夹"4-1"和"4-2"，

快速阅读其中每一篇文献的正文。

（2）评判一下这些文献的正文是否都具备七个基本模块，并做好笔记。表4-4可以供你参考。如果某篇文献的正文具备某个模块，就在对应的方格中打"√"。

表4-4　判断文章正文的模块是否足够完整

文献编号	引言	文献综述	研究设计	研究实施	研究发现	研究结论	讨论、建议和反思
1							
2							
3							
……							
20							

（3）一定有一些文献的正文并没有具备清晰、完整的七个基本模块。请你根据刚刚完成的笔记，找到这样的文献，思考一下这些文献如此处理是否妥当，并给出你的理由。

2. 正文七个基本模块的排列合乎逻辑

在"完整"之外，正文的七个基本模块还需要遵循第二条规范：合乎逻辑。具体来说，七个模块的排列顺序应当合乎学术研究逻辑和学术写作逻辑。同样，本书第二章给出了这七个基本模块的大致顺序，这个顺序是符合一般情况下的研究逻辑顺序与写作逻辑顺序的。

3. 正文本身的要点突出，各个模块的要点同样也应突出

和论文框架的九个普适元素各有其需要突出的要点一样，学术期刊论文的

正文不仅要突出其整体上的要点，其中的七个基本模块还必须突出各自的要点。关于正文本身的要点，在本章前面已有介绍。如果有需要，不妨先暂停下来，翻到前面去回顾一下。

接下来，请你和我一起完成下面的任务，重温正文七个基本模块的要点。

■ **|任务 4-7|** 还记得学术期刊论文正文的七个基本模块的要点吗？

（1）在表 4-5 中，我结合第二章的内容，为你列举了正文七个基本模块应当具备的一些要点。请你看看是否有不赞同的地方。如果有，请给出你的依据。

（2）再请你打开你在前面的任务中创建的文件夹"4-1"，快速阅读其中每一篇论文的正文，特别留意七个基本模块所具备的要点，将你觉得需要补充的要点记在表 4-5 中。

表 4-5　学术期刊论文正文七个基本模块的要点

正文模块	要点小结	我认为还需要补充以下要点
引言	扼要介绍研究的各种背景；焦点清晰；与研究问题顺畅衔接	
文献综述	主题明确，焦点清晰；所采纳的文献具有典型性；有作者自己的观点，不是单纯堆砌文献	
研究设计	理论基础适合研究主题；研究方法适合研究主题；如果选取了研究样本，则抽样方法应恰当；研究阶段划分合理	
研究实施	研究实施的步骤和内容与研究设计吻合；每一个步骤的操作都足够严谨；每一个步骤的表述都足够清晰、扼要	
研究发现	每一个研究发现都与研究问题相呼应；每一个研究发现都确实源自研究过程；不同的研究发现之间存在必要的逻辑关系；每一个研究发现的表述都足够清晰、扼要	

正文模块	要点小结	我认为还需要补充以下要点
研究结论	每一个研究结论都源自某个研究发现；每一个研究结论都与研究问题相呼应；不同的研究结论之间存在必要的逻辑关系；每一个研究结论的表述都足够清晰、扼要	
讨论、建议和反思	所讨论、所建议的内容与研究主题之间存在紧密联系；所提出的建议有足够的现实感；所反思的内容确实具有反思的价值	

4. 正文各个模块详略得当

为什么"详略得当"也算是需要遵循的规范之一呢？一方面是因为，学术期刊往往对论文篇幅即论文总字数有一定限制，你当然不可能将有限的论文篇幅平均分摊给七个模块，而是需要斟酌何处应详、何处应略；另一方面则是因为，审稿人或读者阅读一篇文章的时候，也不会对每一个基本模块抱有同样的期望、在每一个基本模块上花费同样的时间，毕竟，详略得当的论文更有助于他们抓取关键内容。

那么，究竟应该如何安排不同模块的详略？请你在完成任务 4-8 的过程中琢磨琢磨。

■ |**任务 4-8**| 别人都如何安排正文各个模块的详略？

（1）请你打开你在前面的任务中创建的文件夹"4-1"，快速阅读其中每一篇文献的正文。阅读过程中请特别留意正文的每个模块。

（2）将这些文献正文各个模块的详略情况逐一记录在表 4-6 中。

表 4-6　看看这些文献正文各个模块的详略情况

文献编号	正文模块						
	引言	文献综述	研究设计	研究实施	研究发现	研究结论	讨论、建议和反思
1	详[ ] 略[ ]	详[ ] 略[ ]	详[ ] 略[ ]	详[ ] 略[ ]	详[ ] 略[ ]	详[ ] 略[ ]	详[ ] 略[ ]
2	详[ ] 略[ ]	详[ ] 略[ ]	详[ ] 略[ ]	详[ ] 略[ ]	详[ ] 略[ ]	详[ ] 略[ ]	详[ ] 略[ ]
3	详[ ] 略[ ]	详[ ] 略[ ]	详[ ] 略[ ]	详[ ] 略[ ]	详[ ] 略[ ]	详[ ] 略[ ]	详[ ] 略[ ]
……	……	……	……	……	……	……	……
10	详[ ] 略[ ]	详[ ] 略[ ]	详[ ] 略[ ]	详[ ] 略[ ]	详[ ] 略[ ]	详[ ] 略[ ]	详[ ] 略[ ]

（3）待快速阅读并记录完毕，请对照表 4-6 思考以下问题。

● 哪些模块通常写得非常详细？

● 哪些模块通常写得比较简略？

● 从总体上看，这样的详略安排是否得当？

● 如果个别文献在某个模块上的详略安排与众不同，那么，这样安排是否合适？是否需要修改？你觉得应如何修改？

一般来说，引言、文献综述、研究设计以及最后的讨论、建议和反思模块偏简略，研究实施模块详略程度居中，而研究发现、研究结论模块占用的篇幅较大。当然，也有论文会在文献综述模块详细铺陈已有研究的情况并多角度深入评述，还有论文会花费大量篇幅去深入讨论研究结论并给出建议，这些做法只要有理有据并且有创见，也都是深受审稿人欢迎的。

二、论文正文中常见的规范问题

简单归结起来，学术期刊论文正文常见的规范问题可以分为四大类。

第一类，结构不够完整，七个基本模块有缺漏。

这一类问题在审稿中是比较常见的。本书第二章中也进行过相关的提醒。学术写作新手们往往容易忽略文献综述、研究设计、研究实施、反思等模块的写作，导致审稿人对论文的评价较低。可见，熟悉学术期刊论文正文的基本模块并将其一个不落地呈现出来，是你写好一篇论文的重要前提。

第二类，正文七个基本模块的划分和排列缺乏必要的逻辑。

正文七个模块的划分和顺序是有学界共识的，大体上如本书反复提到的那样：引言，文献综述，研究设计，研究实施，研究发现，研究结论，讨论、建议和反思。虽然有些类型的论文可能会在局部进行微调，甚至可能将研究设计与研究实施模块合二为一，或者将研究发现与研究结论模块合二为一，但这样的合并和调整都具备合理的逻辑。而在这方面做得不规范的论文搅乱了正文应有的逻辑链条，将很难获得审稿人的好评。

第三类，正文本身或各个模块的要点不突出。

前文已对正文本身以及正文各个模块的要点做了小结。在实际的审稿过程中，我常常看到作者们在不同模块中忽略了某些要点，由此直接暴露出其学术写作素养的不足。当然，写作新手很难在初稿当中完全顾及所有这些要点。但是只要你愿意反复修改，就能将各个模块的要点依次凸显出来，稳步提高学术写作水平。

第四类，正文各个模块详略失当。

作为整篇论文的核心元素，正文需要用详略不同的几个模块共同展示一个详略得当的学术研究故事。然而在审稿过程中，我常常看到的是各个模块详略失当的情况——这不是一个简单的问题，"详略失当"的背后是作者研究经验和写作经验的双重不足。要避免此类问题，唯有勤练、多练了。

在了解学术期刊论文正文应遵循的规范以及容易出现的规范问题之后，我为你设计了下面这个任务。希望你能在完成任务的过程中进一步掌握正文七个基本模块应当遵循的规范。

■ **|任务 4-9|** 这些文献正文的七个基本模块有何不规范之处？

（1）请你打开你在前面的任务中创建的文件夹"4-2"，快速阅读其中的每一篇文献。

（2）如果哪篇文献正文的七个基本模块中存在不规范之处，请你概括记录在表 4-7 中。

表 4-7　寻找这些文献正文的七个基本模块的不规范之处

文献编号	正文七个基本模块存在哪些不规范之处
1	
2	
3	
......	
10	

（3）根据你在表 4-7 中做的记录，选择一篇正文的基本模块不够规范的文献，针对其不规范之处，给出详细的修改建议，最好能试着自己动手改一改。

第二节
学术期刊论文参考文献的规范

在学术期刊论文的各个组成部分当中，参考文献貌似是学术含量最低的部分。但实际上，一篇论文是不是足够规范，最直观的判断依据就是参考文献的几个相关部分是否规范。甚至一篇论文能不能获得审稿机会，也与这篇论文参考文献的标引和列示是否规范有紧密联系。

因此，建议你在这一节的内容上多下功夫，至少要充分了解参考文献相关规范的各种细节。这样，在后面的写作练习中，才有可能正确练习如何规范地引用、标注、排列参考文献。

一、从文字复制比说起

为了帮助你更快速、更直接地了解参考文献的相关规范，我要引入一个术语——文字复制比。理解了它，你就能充分地理解参考文献本身的重要性和必要性。

1. 什么是文字复制比

从字面意思上讲，文字复制比是作者直接原样引用（即"复制"）并且没有规范标注出处的文字字数占其所撰写论文全文字数的百分比。检测论文文字复制比的操作，通常叫作"查重"。如果一篇论文的文字复制比过高，很可能被判定为"学术不端"。

特别需要注意的是，是否"复制"的唯一评判依据是"直接原样引用并且没有规范标注出处"，并不论作者如此操作的主观意愿，更不论"直接原样引用并且没有规范标注出处"的文字是否贴合主题、内容等。

对学术期刊论文来说，文字复制比是一个易获取、易观测、易比对的原创性评判指标。文字复制比越高，原创性越低。多数核心期刊要求来稿的文字复制比不高于 10%，亦有期刊要求不高于 5% 或 20%。若来稿的文字复制比只是略高于期刊要求，可能会得到一次修改机会；若高出期刊要求太多，则会被直接退稿。

目前，大部分学术期刊是通过中国知网等提供的查重服务对来稿的文字复制比进行检测的，检测结果会被提供给学术期刊编辑和审稿人，作为评判论文的重要依据。少数期刊会将检测结果提供给作者，供作者降低文字复制比。

2. 如何才能尽量降低文字复制比

如何确保文字复制比符合目标期刊的要求，是投稿之前、写作论文之时，作者必须考虑的问题。

要想尽可能降低文字复制比，首先要了解究竟是哪些因素影响到了文字复制比的高低。归结起来，正文中参考文献的引用方式是否规范，文献出处的标注方式是否规范，以及文末参考文献列表是否规范，是影响文字复制比高低的三个直接原因。根据这三个原因,你应该可以进一步领会到了解并掌握参考文献规范的重要意义。在本节接下来的内容中,我将尝试从多个角度向你详细介绍何谓参考文献的规范,以及如何使自己的论文符合这些规范。

二、参考文献的一体三面

对学术期刊论文来说,参考文献的规范涉及三个方面:正文中的参考文献引用、正文中的参考文献标注,以及文末的参考文献列表。我将先从这三个方面介绍你在写作当中需要了解、需要掌握的有关参考文献的内容。

1. 正文中的参考文献引用

在正文中,参考文献引用的规范涉及两类引用:直接引用和间接引用。

直接引用是指将参考文献中的观点或证据文字原样放到自己撰写的论文当中来,不漏一字、不添一字,并就近明确标注文献出处。规范的直接引用还要在所引文字的前后加上引号,确保其与自己原创的文字明确区分开来。

一点提醒: 牢记直接引用应当遵循的规范!

请你一定要记住:只有严格做到照搬原文并且用引号将原文与其他文字区分开来,才是规范的直接引用。

如果照搬别人的观点但没有用引号区分,即使正确标明了文献出处,也是不规范的直接引用。在这种情况下,如果连参考文献出处都未标明,就是抄袭他人观点,属于学术不端了——千万要避免这样的状况发生!

如果你打算直接引用别人的观点,并且已经用引号将其与你的原创文字区分开来，但是引号内的文字与参考文献的原文不符，存在错漏之处，也会被判定为不规范的引用。

间接引用是指在自己撰写的论文中，将参考文献中的观点或证据合理纳入自己的阐述逻辑，并在合适的地方注明出处。规范的间接引用是引观点、不引原文。相比之下，间接引用要求作者具备更好的写作基本功，能够将参考文献的精华内容转化为自己论文中的有力佐证。

一点提醒： 牢记间接引用应当遵循的规范！

间接引用要遵循的第一个规范就是避免照搬原文！

如果你已经决定在引用参考文献时使用间接引用，请一定避免逐字逐句抄写原文，否则就不能说是严谨的间接引用了。直白地说，规范的间接引用应该是用你自己的话来讲述一个包含他人观点、行为的故事。

当然，有时候也会需要在间接引用的过程中采用参考文献原文中的某些短语、短句，这时候，请一定记得加上引号，严格区分。

间接引用要遵循的第二个规范就是明确标注出处。绝不能因为他人观点已经融入自己的论文，就有意无意地"忘记"标明他人观点的出处，否则同样会被视为抄袭，属于严重的学术不端！

在不同的学术期刊论文当中，直接引用和间接引用的具体形式不一而足。请在完成下面这个任务的过程中，留意一下引用的形式。

■ **|任务 4-10|** 找一找直接引用和间接引用的典型例子！

在本章前面的任务中，你已经建立了两个文件夹，分别命名为"4-1"

和"4-2"。在这个任务里,你还要用到这两个文件夹中的文献。

(1)打开文件夹"4-1"和"4-2",再次快速浏览其中的文献,选择有明显直接引用和间接引用的5～10篇文献。

(2)逐一打开你所选择的这些文献,仔细阅读其正文中引述了参考文献的部分,选取典型的、规范的直接引用和间接引用语句,记录下来。表4-8也许可以供你参考。

表4-8　文献中规范的直接引用和间接引用

文献编号	直接引用	间接引用
1		
2		
3		
……		

(3)请仔细琢磨你所摘取的直接引用与间接引用语句,体会二者的差异。当你将来正式开始写作自己的学术论文,特别是当你需要在正文中引用参考文献时,你的脑海里应当能够及时浮现出这些优秀的例子。

(4)如果这些文献中存在不够规范的直接引用,也请你把它们挑出来,记录在表4-9中,再尝试把它们修改完善。

表4-9　文献中不够规范的直接引用

文献编号	不够规范的直接引用	我建议修改成这样
1		
2		
3		
……		
10		

（5）如果这些文献中存在不够规范的间接引用……说实话，新手很难发现这类问题，在现在的入门阶段，就不建议你多花时间去琢磨了。

2. 正文中的参考文献标注

不论是在正文中直接引用还是间接引用，你都需要规范标注参考文献的出处。

如何做到规范标注参考文献的出处？首先要准确，其次要合规。

所谓准确标注，即当你需要在正文中标明参考文献的作者姓名和年份信息时，要确保这些信息绝无差错；当你只需要在正文中标明参考文献对应的数字编号时，要确保这些编号无差错，且与文末参考文献列表中的文献正确对应。

所谓合规标注，即无论你要标注的是作者姓名和年份信息，还是简单的数字编号，都要严格符合参考文献格式体系的要求。

说到这里，你应该可以猜到，正文中的参考文献标注方法主要有两类：数字角标标记法与著者 – 年代标记法。

一点提醒： 正文中的参考文献只有这两种标注方法吗？

没错，目前来看，只有这两种正文中的参考文献标注方法。

虽然参考文献格式体系有很多种，但在正文中使用的标注方法，归结起来就只有这两种。不过，不同的体系可能会在细节上有小差别，还请你注意下面的解释。

数字角标标记法是通过在正文中插入带方括号（"[ ]"）的数字编号，标记编号前所引述的观点、资料等的出处的方法。文末的参考文献列表会在对应的数字编号后面给出相应的参考文献信息。数字角标标记法的具体运用请参见图4-4。

虽然参考文献格式体系有很多种[1][2]，但在正文中使用的标注方法，归结起来就只有这两种[3]。不过，不同的体系可能会在细节上有小差别[4]。

图4-4　正文中的参考文献标注：数字角标标记法

数字角标标记法的使用有三个注意事项：第一，将数字编号放在右上角，通常要用方括号将数字括起来；第二，通常要避免重复使用数字；第三，通常按从小到大的顺序排列这些编号，不打乱顺序。

但是，在具体的实践中，即使都是采用数字角标标记法，不同的学术期刊在细节上也可能有不同的规定。可能的区别如下。

● 是否采用方括号，或者是否采用括号？有的学术期刊会要求用不带括号的数字来标注，也有的学术期刊会要求用①、②、③等来标注。

● 是否需要在方括号外附加所引内容在参考文献中对应的页码？有的学术期刊会提出这样的要求，但大多数学术期刊只需要作者在文末参考文献列表里标注页码。

● 是否允许同一篇参考文献一直使用同一个数字编号，不论在文章中出现几次？有的学术期刊要求在正文不同位置进行引用，一定要采用不同的数字编号，即使同一篇参考文献在正文中被引用多次、标注多次；而另有一些学术期刊要求在正文中引用同一篇参考文献应采用一个固定的数字编号，不论这篇参考文献出现多少次。

● 参考文献前的数字编号是否必须从小到大排列？如果期刊要求在正文中不同位置引用同一篇参考文献，应采用不同的数字编号来标注，那么通常会要求所有数字编号从小到大排列。如果期刊要求同一篇参考文献无论被引用多少次，都只能用一个固定的数字编号去标注，那么通常就不会要求所有数字编号从小到大排列了。

著者－年代标记法是通过在正文中插入带圆括号（"（）"）的参考文献全体著者姓名与参考文献出版年份，标记圆括号前后所引述的观点、资料等出处的方法。文末参考文献列表虽然也会与正文中的标注一一对应，但这种对应是通过著者姓名和出版年份信息实现的，而不是通过数字编号实现的。著者－年代标记法的具体运用请参见图 4-5。

> 虽然参考文献格式体系有很多种（如：郝丹，2020a；郝丹，2020b），但在正文中使用的标注方法，归结起来就只有这两种（郝丹，2021）。不过，不同的体系可能会在细节上有小差别（郝丹，2021）。

图 4-5　正文中的参考文献标注：著者－年代标记法

著者－年代标记法的使用有四个注意事项：第一，著者－年代标记法通常采用圆括号来括注参考文献信息；第二，著者姓名与出版年份之间需要用间隔符号，但究竟是用逗号还是空格，需要看目标期刊采纳的是哪一套参考文献格式体系；第三，若参考文献的著者超过 3 人，那么在正文中标注该文献时，通常不需要呈现全部著者的姓名，但究竟需要呈现几个著者姓名，以及是否要在著者姓名后加"et al"等标记符号，也要看目标期刊遵循的是哪一套参考文献体系；第四，出版年份信息一定要用四位数字（如2021），若需要引用同一个作者在同一年出版的不同作品，那么请在年份后面加上英文字母（如a、b、c）来标记。

同样地，在具体的实践中，即使都是采用著者－年代标记法，不同的学术期刊在细节上也可能有不同的规定。可能的区别如下。

● 标记当中使用的标点符号，如括号、多个著者姓名之间以及著者姓名与出版年代之间的逗号、同一处标注中（即同一对圆括号内）不同参考文献之间的分号，究竟该用全角（中文）标点符号，还是用半角（英文）标点符号？不同的期刊对此有不同的规定。

● 当需要引用的参考文献是同一位作者在同一年发表的不同文献时，出版年份之后的英文字母是用大写还是小写？这个依然要看具体学术期刊的具体规定。

■■ |**任务 4-11**| 找一找正文中参考文献标注的典型例子！

请你再次打开你在前面的任务中建立的文件夹"4-1"和"4-2"。

（1）请再次快速浏览这两个文件夹中的文献，从其正文中摘取标注了参考文献的典型句子，记录到表4-10中。

表4-10　正文中参考文献标注的典型例子

文献编号	正文中的参考文献标注	采用的是哪种标注方法
1		数字角标标记法［　］ 著者－年代标记法［　］
2		数字角标标记法［　］ 著者－年代标记法［　］

文献编号	正文中的参考文献标注	采用的是哪种标注方法
3		数字角标标记法 [　　] 著者－年代标记法 [　　]
……	……	……

（2）尽管这些典型例子采用的都是数字角标标记法或著者－年代标记法，但具体到标注细节上，是不是还有一些差异？如果你发现了差异，请用不同颜色的记号笔标示出来，方便你在后面的学习中进行回顾。

3. 文末的参考文献列表

学术期刊论文的文后部分仅包含一个模块：参考文献列表。这个模块通常由正文标题"参考文献"引领，置于全部正文内容的后面、作者信息的前面。常见的参考文献列表有两种，分别对应两种正文中的参考文献标注方法，如图 4-6 和图 4-7 所示。

图 4-6 所示的带标号的参考文献列表通常对应正文中的数字角标标记法，列表中每条参考文献信息前面的数字编号与该文献在正文中被引用时标注的数字编号是对应的。

参考文献
[1] 郝丹,郭文革.知识生产新模式的基本特征与反思——基于库恩科学理论评价标准的考察[J].教育学术月刊,2019(03):3-12+64.
[2] 郝丹.国内 MOOC 研究现状的文献分析[J].中国远程教育,2013(11):42-50.
[3] 郝丹,郭文革.中外远程教育学费比较研究[J].中国远程教育,2018(04):22-31+79.
[4] 郝丹.MOOC:颠覆与创新?——第 4 次"中国远程教育青年学者论坛"综述[J].中国远程教育,2013(11):5-17.
[5] 郝丹,肖俊洪.从学习效果和教育公平的角度看高等教育人工智能应用——一项基于多个数据库英文同行评审期刊文献的综述[J].现代教育技术,2021,31(04):13-20.
[6] 郝丹.中美远程教育研究发展与当前热点的比较研究——以远程教育学术期刊为视角[J].中国远程教育,2012(04):40-48+95.

图 4-6　带标号的参考文献列表

图 4-7 所示的不带标号的参考文献列表通常对应正文中的著者－年代标记法，列表中的每条参考文献信息按照作者姓名做音序排列。

参考文献

郝丹.(2012).中美远程教育研究发展与当前热点的比较研究——以远程教育学术期刊为视角. *中国远程教育*(04),40-48+95. doi:10. 13541/j.cnki.chinade.2012.04.006.

郝丹.(2013a).MOOC:颠覆与创新?——第 4 次"中国远程教育青年学者论坛"综述. *中国远程教育*(11),5-17. doi:10.13541/j.cnki. chinade.2013.11.006.

郝丹.(2013b).国内 MOOC 研究现状的文献分析. *中国远程教育*(11),42-50. doi:10.13541/j.cnki.chinade.2013.11.003.

郝丹 & 郭文革.(2018).中外远程教育学费比较研究. *中国远程教育*(04),22-31+79. doi:10.13541/j.cnki.chinade.20180411.003.

郝丹 & 郭文革.(2019).知识生产新模式的基本特征与反思——基于库恩科学理论评价标准的考察. *教育学术月刊*(03),3-12+64. doi:10.16477/j.cnki.issn1674-2311.2019.03.001.

郝丹 & 肖俊洪.(2021).从学习效果和教育公平的角度看高等教育人工智能应用——一项基于多个数据库英文同行评审期刊文献的综述. *现代教育技术*(04),13-20. doi:CNKI:SUN:XJJS.0.2021-04-003.

图 4-7　不带标号的参考文献列表

不论文末参考文献列表具体采用哪种形式，都应当遵循三个规范：第一，与正文标注的文献严格一一对应。换言之，正文中标引过的文献一定要出现在参考文献列表中，而参考文献列表中的文献也必须是在正文中标引过的。第二，文献条目信息完整，但具体何为"完整"，取决于依据的是何种参考文献格式体系。第三，文献条目按序排列，而究竟按照何种顺序，也是由采纳的参考文献格式体系决定的。

一点提醒： 参考文献列表要特别注意"一一对应"！

过去的学术写作允许在文末参考文献列表中纳入对作者有所启发但该论文不曾引用的文献。但是，时至今日，这样的做法在学术期刊论文审稿中已经要被判定为不规范的做法了。

如果学术期刊论文的参考文献列表中出现了冗余文献，会让审稿人觉得作者学术素养不足。而如果正文中引用过的参考文献未出现在最后的列表中，不论正文里是否规范标引，都会严重影响整篇论文的文字复制比。

总之，只有"一一对应"才是最规范的做法！

三、常见的几种参考文献格式

在各种文献当中，可以看到各种各样的参考文献格式体系，它们源自不同国家、不同学科、不同机构，亦适用于不同的语言。

常见的参考文献格式体系有：我国的《信息与文献　参考文献著录规则》（GB/T 7714—2015）（通常简称为"国标"），美国心理协会（American Psychological Association，APA）的论文写作规范，美国现代语言协会（Modern Language Association，MLA）的论文指导格式，哈佛大学的论文引用体系（Harvard System），芝加哥格式手册（Chicago Manual of Style，CMS）的写作规范，IEEE 期刊 / 会议的论文格式，美国医学会（American Medical Association，AMA）的论文格式，等等。

这些参考文献格式体系所涉及的文献类别极其丰富，根据其使用频率的高低，在此将其简单划分为三类：第一类是在学术研究中较常看到和用到的，如各类图书或图书的章节、期刊论文、杂志文章、学位论文、报纸文章、会议通讯文章、词典条目、百科全书中的条目或文章、电子书或电子文档、档案材料、法庭判例、政府出版物、专利等；第二类是目前在学术论文中比较少见的博客文章、网络图片或视频、访谈、演讲、新闻稿、网站、软件、电影或 DVD 等；

第三类是目前鲜见，但在特定学科、特定主题的学术论文中可以见到的艺术品、电子邮件、播客、歌曲、电视节目等。当你了解各种参考文献格式体系时，建议你多多关注第一类常见、常用的文献的格式。

不同的参考文献格式体系对正文中的参考文献标注格式和文末参考文献列表格式有着不同的要求。但是，由于正文中的参考文献标注格式仅有两种可供选择，因此，实际上这些参考文献格式体系在规范上的差别主要存在于文末参考文献列表中。表 4-11 以同一篇文献为例，直观呈现了各个参考文献格式体系所使用的文末参考文献格式的细节，供你参考。

表 4-11　各类参考文献格式体系示例

参考文献格式体系	文末参考文献格式举例
我国国标	郝丹,肖俊洪.从学习效果和教育公平的角度看高等教育人工智能应用——一项基于多个数据库英文同行评审期刊文献的综述 [J]. 现代教育技术 ,2021,31(04):13-20.
APA 格式	郝丹 & 肖俊洪 .(2021). 从学习效果和教育公平的角度看高等教育人工智能应用——一项基于多个数据库英文同行评审期刊文献的综述 . 现代教育技术 ,31(04),13-20. doi:CNKI:SUN:XJJS.0.2021-04-003.
MLA 格式	郝丹 and 肖俊洪 ."从学习效果和教育公平的角度看高等教育人工智能应用——一项基于多个数据库英文同行评审期刊文献的综述 ." 现代教育技术 31.04(2021):13-20.doi:CNKI:SUN:XJJS.0.2021-04-003.
Harvard 格式	郝丹 & 肖俊洪 .(2021). 从学习效果和教育公平的角度看高等教育人工智能应用——一项基于多个数据库英文同行评审期刊文献的综述 . 现代教育技术 ,31(04),pp.13-20.
CMS 格式	郝丹 and 肖俊洪 .2021. 从学习效果和教育公平的角度看高等教育人工智能应用——一项基于多个数据库英文同行评审期刊文献的综述 . 现代教育技术 31(04):13-20.
IEEE 格式	郝丹 and 肖俊洪 ,"从学习效果和教育公平的角度看高等教育人工智能应用——一项基于多个数据库英文同行评审期刊文献的综述 ," 现代教育技术 ,vol.31,no.04,pp.13-20.,2021.
AMA 格式	郝丹 ,肖俊洪 .从学习效果和教育公平的角度看高等教育人工智能应用——一项基于多个数据库英文同行评审期刊文献的综述 . 现代教育技术 .2021;31(04):13-20.

我国参考文献著录的国标是目前许多国内学术期刊采用的参考文献格式体系，在本节接下来的内容中，我将着重讨论我国国标在使用中需要注意的地方。

一点提醒： 投稿前注意各家期刊自己设定的格式！

在我国学术期刊领域，参考文献的格式并没有官方统一规定。即使是使用得较为广泛的《信息与文献　参考文献著录规则》（GB/T 7714—2015），也只是推荐标准，而非强制标准。因此，各家期刊基于各自的历史渊源，为了各自审稿的方便，往往会参照前面提到的各种参考文献格式体系，制定出一套自己的参考文献规范。因此，当你打算投稿时，一定要找到目标期刊最新的参考文献规范，据此梳理自己文章的相关格式。

那么，如何才能找到目标期刊最新的参考文献规范？通常，你可以在这些期刊的投稿平台上找到其发布的参考文献格式文档，也可以在文献数据库中搜索该期刊以《撰稿体例》《写作规范》《文稿规范》等命名的格式文档。这些文档多见于该期刊每年的第一期和最后一期。如果实在找不到这些格式文档，不妨直接参考该期刊最新一期文章的格式。

■ **| 任务 4-12 |** 一起来收集核心期刊的参考文献格式吧！

在这个任务当中，我打算引导你一步一步收集几种核心期刊采纳的参考文献格式体系。将来你撰写学术期刊论文并预备投稿时，或许可以用来参考。

（1）打开一个网页搜索引擎，在检索栏中输入"南京大学中国社会科学研究评价中心"，按下回车键后，找到该机构的官网。其官网主页如图 4-8 所示。

图 4-8　南京大学中国社会科学研究评价中心官网主页

（2）展开页面中上部的"产品中心"下拉菜单，单击"中文社会科学引文索引"选项，打开新的页面，如图 4-9 所示。在打开的页面中单击"CSSCI来源期刊目录（2021—2022）"。

图 4-9　"中文社会科学引文索引"页面

（3）请你在打开的"CSSCI 来源期刊目录（2021—2022）"页面中，根据自己的研究兴趣，选择 10 种你感兴趣的学术期刊，并将刊名记入

表 4-12 中。

（4）如果你关心的领域不在社会科学领域，那么，你可以忽略上面的步骤，在其他合适的文献数据库里搜索你感兴趣的 10 种学术期刊，并将刊名记入表 4-12 中。

（5）现在，请你想办法收集这 10 种学术期刊的参考文献格式，将其对应的类型逐一记入表 4-12 中。你可以在各家期刊的官网或投稿平台上寻找其参考文献格式文档，也可以登录中国知网，有针对性地检索目标期刊的参考文献格式文档。

表 4-12　10 种核心期刊的参考文献格式类型

期刊名称	参考文献格式文档	文中参考文献标注格式类型	文末参考文献列表格式类型	
			中文文献	英文文献

四、新国标:《信息与文献　参考文献著录规则》（GB/T 7714—2015）

通常所说的参考文献的"国标"是由中华人民共和国国家质量监督检验检疫总局和中国国家标准化管理委员会发布的，关于参考文献著录的标准性文件。目前，最新版本的"国标"是 2015 年 5 月 15 日发布、2015 年 12 月 1 日正式实施的《信息与文献　参考文献著录规则》（GB/T 7714—2015），即学术期刊界通称的"新国标"。该标准性文件已经由中国标准出版社正式出版发行，在各大书店都能购买。

完整的《信息与文献　参考文献著录规则》包括前言、10 个主体部分和两个附录。

前言部分主要介绍了该标准与旧版标准《文后参考文献著录规则》（GB/T 7714—2005）（学术期刊界通称的"旧国标"）的区别。主体的 10 个部分详细介绍了写作时引用参考文献和电子资源时应遵循的各项规范的细节。两个附录分别给出了参考文献表著录格式示例、文献类型和文献载体标识代码——前者是你可以直接拿来参照的模板，后者所列示的标识代码是你规范文末参考文献列表时一定会用到的。

根据"新国标"在名称上的变化（从《文后参考文献著录规则》到《信息与文献　参考文献著录规则》），以及其前言中的说明，可以知道："新国标"经过修订完善，完全适用于各学科的学术写作，其规定兼顾了正文中的参考文献标注与文末的参考文献列表。因此，任何学科的学术期刊都有可能采纳这个标准。换句话说，你将来投稿时的目标期刊很可能会严格采纳《信息与文献　参考文献著录规则》确定的各项规范。

因此，我建议你购买或借阅一份《信息与文献　参考文献著录规则》，仔细研读。在本节接下来的部分里，我不打算复述这份标准文件的原文，只会根据其内容归纳出值得学术写作新手注意的事项，供你在研读该标准原文之余做一些参考。

其一，关于正文中的参考文献标注，数字角标标记法与著者－年代标记法都可以使用，"新国标"将这两种方法称为"顺序编码制"与"著者－出版年制"。当然，投稿时究竟使用哪一种标引方法，还要看目标期刊的具体规定。

其二，一定要仔细琢磨"新国标"的附录 A，因为它分别为普通图书、论文集、会议录、报告、学位论文、专利文献、标准文献、专著中析出的文献、期刊中析出的文献、报纸中析出的文献、电子资源提供了尽可能全面的示例，非常适合学术写作新手直接套用。"新国标"在 2005 年版"旧国标"的基础上补充了中英文双语的例子，以及电子版和非电子版的例子，实在是非常方便！

其三，一定要熟悉附录 B 涉及的文献类型。在新的标准中，文献标识代码的种类更多样了，涉及的文献类型更丰富了。因此，当你需要为引述的参考文献确定标识代码时，不妨仔细研读该标准的"附录 B 文献类型和文献载体标识代码"，确保无误。

其四，相对于 2005 年版的"旧国标"，2015 年版的"新国标"补充了外文文献标引方法，特别是英文文献的标引方法。在"新国标"中，英文文献的相关规范至少有四点值得学术写作新手留意。

- 正文中的参考文献标注格式和文末参考文献列表的格式与中文文献是完全一致的。
- 著者（或文献责任者）的姓名全部大写。以作家杰克·伦敦（Jack London）为例，在文末参考文献列表中，其姓名应呈现为"LONDON J"。
- 不论该文献的著者人有几个，不同著者的姓名之间用逗号隔开，不使用"and"或"&"。
- 关于文末参考文献列表，"新国标"建议直接用所引文献的原始语种来呈现该文献，也可以双语呈现。当使用双语呈现时，先用原始语种呈现，然后用其他语种（通常是中文）来呈现。

■ |**任务 4-13**| 一定要自己动手试一试！

任何一个参考文献格式体系都包含诸多细致的操作性规范，"新国标"也不例外。不论你怎么样仔细研读"新国标"原文，都不如自己动手试一试更有助于牢固、准确地掌握这些细节。

（1）选择三份文献：一本专著，一篇学术期刊论文，一份任意类型的电子资源。

（2）请参照"新国标"的相关规定，自己动手列出这三份文献的完整信息。

（3）为了方便你完成这个任务，这里给出可供参考的三个示例。

● 专著：吕云翔 .Python 网络爬虫与数据采集 [M]. 北京：人民邮电出版社，2021:156.

● 学术期刊文章：郝丹，肖俊洪 . 从学习效果和教育公平的角度看高等教育人工智能应用——一项基于多个数据库英文同行评审期刊文献的综述 [J]. 现代教育技术 ,2021,31(04):13-20.

● 电子资源：中华人民共和国教育部 . 未成年人学校保护规定 [EB/OL](2021-06-01)[2021-08-21]. http://www.moe.gov.cn/srcsite/A02/s5911/moe_621/202106/t20210601_534640.html.

第四节
学术期刊论文的语言规范

学术期刊论文的语言风格类型与水平高低能够向期刊编辑和审稿人直观展示作者的学术写作素养。这自然也是编辑和审稿人评判论文的重要标准之一。因此，学术写作新手实在是有必要熟悉学术期刊论文语言的一般风格，并想办法尽快提升自己的语言水平。

对于学术期刊论文在语言方面的要求，前面关于论文框架的部分已经略有提及。本节将为你系统梳理学术期刊论文语言应遵循的普适性规范，供你初步了解，以便在阅读文献的过程当中有目标地去感受，然后在反复写作、反复修改的过程当中有目标地去努力。

一篇合格的学术期刊论文在表述、语法、语言风格方面，至少应该遵循以下四条基本规范。

1. 表述严谨，用词准确

学术论文的学术性在语言方面首先体现为表述的严谨。具体来说，任何涉及范畴、程度、水平的表述都应准确、恰如其分，不夸张，当然也不必过分谦虚。

这条规范适用于评述已有文献，也适用于评价自己的研究。写文献综述时，一定要慎用"未见此类文献"之类的表达，也要谨慎判断某文献是否本领域的第一份文献。评价自己的研究时，一定要尽量避免使用"世界前列""全国领先""弥补空白""零的突破"之类的表达。

一点提醒: 提及学界前辈的时候，如何表述？

前面已经明确提示了，当评述已有的文献或评价自己的研究时，用语需慎重，忌夸张。那么，当你需要在自己的论文中提及学界前辈尊名的时候，该如何表述？

有的作者可能会想用"尊敬的某某教授"、"该学科领域的带头人某某"或"知名教授某某"之类的表述。这样做一般来说没有什么必要。学界的任何前辈或大咖首先都是学者，提及其姓名与所著文献时，按照常规处理即可。字面上的个人崇拜反而容易暴露作者在学术研究态度方面的欠缺。

2. 言简意赅，精练，干脆

学术论文的语言还需要言简意赅，能少用一字就不要多用一字，以精练为优，以干脆利落为美，力求直接突出与论文主题相关，特别是与所涉研究相关的重要信息。千万不要让审稿人在一堆冗余的字句里搜索重要信息，否则会严重影响审稿效率，大大降低审稿人对论文的好感，甚至导致令人遗憾的审稿结果。

一点提醒: 需要有文采吗？

学术期刊论文当然以陈述学术研究的过程和结果为核心任务。审稿人通常不会把有无文采纳入评判标准。但是，你也可能曾经读过一些颇有文采的优秀学术论文，深深被其中的文采打动。那么，学术期刊论文到底需不需要文采？我想，对学术论文来说，文采属于锦上添花的好东西，但是学术写作新手不妨谨慎一点，先追求合规，再追求文采。

3. 语法正确，无错别字，不多字、不漏字

也许你会惊讶，为什么学术期刊论文的语言规范会包含这样"低水平"的要求？整篇论文语法正确，无错别字，不多字，不漏字，这似乎是中学生就应该轻松做到的。但是，在实际的审稿工作中，我发现真正能严格遵守这条规范，做到全文无语法错误、无错别字的论文，其实并不多见。

在学术期刊论文中，所谓"语法正确"主要指三个底线要求：句子成分完整，主谓宾搭配合适，以及标点符号使用正确。这三个要求涉及的内容确实是中学语文课的学习范畴，但是很多已发表的期刊论文都未能完全避免。

一点提醒： 别忘了主语！

> 在学术期刊论文的语言规范中，最需要向你强调的是：论文中的句子一定要有主语！这是学术写作中特别容易疏忽的，即使是已经发表的论文中都常有丢失主语的句子。

所谓"无错别字"与"不多字、不漏字"，则完全是字面的含义。你只需要在写作完成之后，静下心来，将全文仔细读三遍，就能揪出绝大部分的错别字，避免多字、漏字。已经发表的论文都已经经过期刊编辑们的多次审读、多次校对，因此很少会有错别字或者多字、漏字的情况。

从我自己的写作经验来看，完稿后过两天，再打开论文读一读，往往能更高效地发现字句中的问题。如果实在不放心，也可以请你的朋友帮帮你，用完全陌生、冷静的眼光来审查，通常更容易发现问题。

那些已经发表的论文究竟是不是都做到了语法正确？建议你在完成下面这个任务的过程中仔细体会。

■ **|任务 4-14 |** 找找不符合语法规范的句子吧！

在本章前面的任务里，你已经建立了文件夹"4-1"和文件夹"4-2"。在这个任务里，你还会用到这两个文件夹中的文献。

（1）打开文件夹"4-1"，选择其中的 2 ～ 3 篇文献，仔细阅读，请特别留意每篇文献的摘要。再请你将其中语法不规范的句子摘录出来，记入表 4-13 中。

（2）打开文件夹"4-2"，选择其中的 2 ～ 3 篇文献，仔细阅读，也请特别留意每篇文献的摘要。再请你将其中语法不规范的句子摘录出来，记入表 4-13 中。

（3）针对每一个语法不规范的句子，确定其存在的是哪一类不规范问题，并提出修改建议，同样记入表 4-13 中。

表 4-13　收集不符合语法规范的句子

文献标题	语法不规范的句子	存在何类不规范问题（句子成分缺失 / 主谓宾搭配不当 / 标点符号有误 / 其他）	修改建议

（4）请你留意一下，在表 4-13 中，比较常见的语法问题有哪些？在你自己的学术写作当中，一定要尽全力避免这类问题！

（5）再请你留意一下，如何才能高效、准确地改正这些常见的语法问题？记住这些好方法，当你写完一篇学术期刊论文后，记得用这些方法改正语法方面的问题。

4. 尽量使用书面语，尽量避免口语化、网络化的表达

既然是学术写作，当然要尽可能使用严肃、精当的书面语，用干脆利落的语言风格向审稿人传递关于作者学术素养，特别是学术写作素养水平的准确信息。

顾名思义，"口语"是日常生活中口头交流使用的语言。轻松、随意、不拘一格是口语的特色。但是，在学术期刊论文的写作当中，请你一定要尽量避免口语化的表达，减少不必要的轻松、不合适的随意，更不要把不拘一格的表达当作个性的体现。学术期刊论文追求的是研究性、学术性，其表达的核心是学术研究中的创新，而不是与众不同的个性。

互联网与日常生活的深度交融催生了一套网络化的语言，其特点鲜明，更迭迅速，传播力旺盛，轻易就能深入人心。你和朋友们在日常交流的时候可能常常无意中用到一些网络化的词语，比如"点赞""破防"，以及一些字母组合，比如"nsdd"等。但是，在学术写作当中，请切记：如非必要，尽可能少用、不用网络化的表达，还学术空间一份庄重。随意使用网络化的表达肯定会影响审稿人对作者学术素养的判断。

第五章 实战应用：
文献综述类学术期刊论文的写作

本章导读

　　本章将为你介绍文献综述类学术期刊论文写作的相关实战内容。经过前面几个章节的学习，你应该初步了解了学术写作的基本功，以及学术期刊论文框架、选题与写作中应当遵循的规范。学习这一章时，希望你充分调动自己已经学到的这些知识，将之运用到学术写作的实战当中。本章的具体内容如图 5-1 所示。

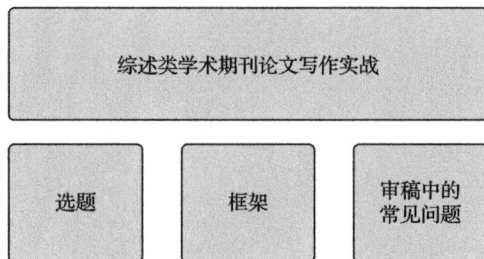

```
┌─────────────────────────────┐
│      综述类学术期刊论文写作实战      │
└─────────────────────────────┘

┌──────────┐  ┌──────────┐  ┌──────────┐
│   选题   │  │   框架   │  │  审稿中的  │
│          │  │          │  │  常见问题  │
└──────────┘  └──────────┘  └──────────┘
```

图 5-1　综述类学术期刊论文写作实战

　　在本章第一节，我将和你一起针对性地了解文献综述类学术期刊论文选题的特点，并学习如何高效寻找精彩的文献综述选题。第二节将分类型探讨文献综述类学术期刊论文的框架结构特征，并带领你在完成任务的过程中学会如何搭建不同类型综述论文的框架，为整篇论文的写作打下基础。第三节会给你归纳文献综述类学术期刊论文审稿中的六大常见问题，并分析这些问题从何而来，又该如何避免。最后，我想鼓励你完成一个终极挑战，尝试写一篇完整的文献综述类学术期刊论文。在这一章里，为了表述方便，我可能常常会用"文献综述类论文"或"综述论文"这样的简称来代替"文献综述类学术期刊论文"这一完整名称。

本章技能要点 >>

- 了解文献综述类学术期刊论文的分类。
- 掌握不同类型文献综述类学术期刊论文选题的特点和方法。
- 掌握不同类型文献综述类学术期刊论文框架的特点和搭建方法。
- 了解文献综述类学术期刊论文审稿中的常见问题，以及如何避免这些问题。

第一节
文献综述类学术期刊论文的选题

这一节的核心内容是针对性地探讨文献综述类学术期刊论文选题的特点，并通过完成几项任务，学习如何寻找精彩的文献综述类论文选题。

在正式内容开始之前，我想先和你聊一聊：为什么学术写作新手的实战要从文献综述类学术期刊论文开始？

不论开展哪个学科领域的学术研究，都要用到种类丰富的文献。即使是那些依赖实验研究的学科领域，研究者们为了确定研究问题、探讨研究结论都离不开大量文献。正是那些优秀的研究文献传承着学术研究成果，记录着学术发展历程，让后来人有可能"站在前人的肩膀上"，做出更多、更优秀的学术贡献。

与研究文献在学术研究中的重要地位相对应的，是文献研究在各类研究中的特殊分量——可以说，对已有相关文献开展研究已经成为整个学术研究流程中不可忽略的第一步。扎实、深入的文献研究能够帮助你给即将开展的研究奠定坚实的基础，特别是能帮助你确定有价值的研究起点，筛选值得深入探究的研究问题，深挖研究结论的现实意义。作为文献研究重要而典型的产出，文献综述类学术期刊论文也因此具有了不可忽视的学术价值与实践价值。

对于学术研究新手而言，文献研究自然是必须学会并熟练掌握的基本功之一，这一点在本书关于基本功的章节里已经充分阐述。而文献综述类学术期刊论文则不光因其基础性而显得非常必要，而且因其研究成本低、研究周期短、研究方法易掌握而显得非常具有可操作性。

现在，你应该可以理解为什么我要在本书中专门设置这样一个实战章节，特别探讨文献综述类学术期刊论文的写作了吧。

在开始实战之前，先请你完成下面这个任务，建立属于你的文献综述类学术期刊论文库。

■ |任务 5-1| 试着建立一个文献综述类学术期刊论文库！

在这个任务当中，你需要确定一个研究主题范畴，然后收集这个主题范畴中的文献综述类学术期刊论文，建立属于你的文献库。在本章后续的写作实战任务当中，你会用到这个文献库。

（1）在本书前面的章节中，我已经多次请你选择一个自己感兴趣的研究方向或研究主题，并由此出发完成各种任务。现在，我要请你再次确定一个适合自己而且非常感兴趣的研究主题范畴，并做到尽可能聚焦——越适合、越聚焦，你就越有可能从此正式走上学术写作之路。请把你选中的研究主题范畴写在下面：

_____。

（2）将这个研究主题范畴拆分为 2～3 个主题词，写在下面。

主题词 1：_____

主题词 2：_____

主题词 3：_____

（3）根据你在前面几章中学习的检索技巧，登录文献数据库（如中国知网），用这几个主题词加上一个主题词"综述"，进行主题检索。

（4）按被引量对检索得到的文献进行排序。选择其中被引量最高的至少 10 篇文献综述类论文并下载下来，保存在同一个文件夹中，将这个文件夹命名为"5-1"；再下载其中被引量为 0 的至少 10 篇文献综述类论文，保存在另一个文件夹中，将这个文件夹命名为"5-2"。

（5）再按发表时间将检索得到的文献进行排序。选择至少 10 篇近两年发表的文献综述类论文并下载下来，保存在同一个文件夹中，将这个文件夹命名为"5-3"；再下载至少 10 篇 10 年前发表的文献综述类论文，保存在另一个文件夹中，将这个文件夹命名为"5-4"。

（6）至此，你就有了一个属于自己的文献综述类学术期刊论文库。请你再浏览一遍这 4 个文件夹，确保其中每一篇论文都是围绕着你所确定的研究主题范畴进行文献研究的。

一、精彩的文献综述类学术期刊论文选题应该是什么样

坦白地说，很难精确描述什么样的选题才是精彩的文献综述类论文选题。不过，你可以换一个角度来看：精彩的文献综述类选题写成论文后，会有更大概率受到众多研究者的关注，这会在论文的被引量上得到体现。

为此，我以"综述"为检索词，在中国知网进行篇名检索。按"被引"进

行排序后，得到表 5-1 所示的 40 个高被引文献综述类论文标题，从中你或许可以大致感受一下这些论文在选题方面的特点。

表 5-1　高被引文献综述类论文标题

序号	标题	序号	标题
1	卷积神经网络研究综述	21	图像边缘检测方法研究综述
2	智能视频监控技术综述	22	彩色图像分割方法综述
3	大数据系统和分析技术综述	23	多指标综合评价方法综述
4	大规模光伏发电对电力系统影响综述	24	MVC 模式研究的综述
5	微电网技术综述	25	粒子群优化算法综述
6	面向物联网的无线传感器网络综述	26	无线传感器网络综述
7	深度学习研究综述	27	Web 服务核心支撑技术：研究综述
8	个性化推荐系统综述	28	分布式发电及其在电力系统中的应用研究综述
9	云计算研究现状综述	29	微粒群算法综述
10	随机森林方法研究综述	30	个性化服务技术综述
11	支持向量机理论与算法研究综述	31	Ontology 研究综述
12	物联网：概念、架构与关键技术研究综述	32	国外产业集群研究综述
13	云计算研究进展综述	33	CFD 通用软件综述
14	物联网技术研究综述	34	图像分割的阈值法综述
15	智能电网技术综述	35	建构主义理论与教学改革——建构主义学习理论综述
16	图像纹理特征提取方法综述	36	人脸检测研究综述
17	虚拟现实综述	37	人运动的视觉分析综述
18	遗传算法研究综述	38	国外社会支持网研究综述
19	微电网研究综述	39	国内外生态城市理论研究综述
20	视觉跟踪技术综述	40	话语标记语的语用学研究综述

结合第三章对"学术期刊编辑眼里的好选题"的总结，再结合文献综述类论文选题本身的特点，可以总结出一点：精彩的文献综述类论文选题通常具有

鲜明的前沿性。具体来说，这些论文的选题毫无例外都集中关注了所在领域最新、最热、最尖端的研究主题，这恐怕是其受到同行关注的首要因素。前沿性的高低会直接影响这类论文的学术价值，进而影响其被关注的程度。不能站在学科领域前沿的文献综述类论文实在不能被称为优秀、精彩。

■ **|任务 5-2|** 你收集的文献综述类学术期刊论文都够前沿吗？

这个任务就需要用到你在任务 5-1 中建立起来的文献综述类学术期刊论文库了。

（1）请你依次打开论文库中的 4 个文件夹，浏览其中的论文，特别留意每篇论文的选题是否具有前沿性，以及具有何种程度的前沿性。请根据你的判断结果填写表 5-2，在与每篇论文对应的格子里打"√"。

表 5-2　审视这些论文选题的前沿性

论文所属文件夹				论文选题的前沿性		
高被引 （5-1）	0 被引 （5-2）	近两年 （5-3）	10 年前 （5-4）	低	一般	高
......						

（2）完成表 5-2 后，再请你仔细看看，前沿性高的选题较多存在于哪个文件夹。由此，你能得出什么结论？

突出的前沿性往往使得文献综述类学术期刊论文具备强烈的时代感，

具体体现在：表 5-1 所列举的论文多数是在 2002 年之后发表的。在距今较久的综述论文中，能至今依然受到较多关注的是极少数。换个角度来说，任何领域的文献综述类论文"前沿"选题都需要具备鲜明的时代特点，而不同时间段的精彩的文献综述类论文在选题上会有明显的不同，这也许就是这类论文选题的"时效性"。

■ **|任务 5-3|** 感受一下什么是"时效性"吧！

在这个任务当中，你会用到你在任务 5-1 里建立的两个文件夹中的文献。

（1）请你打开文件夹"5-3"，这里面应该是你所感兴趣的研究主题范畴中，近两年发表的文献综述类论文。请你从中选择 5 篇论文并快速阅读一遍，将论文的选题写在表 5-3 中。

（2）再请你打开文件夹"5-4"，这里面应该是你所感兴趣的研究主题范畴中，10 年前发表的文献综述类论文。请你从中选择 5 篇论文并快速阅读完毕，将论文的选题写在表 5-3 中。

表 5-3　近两年与 10 年前综述类学术期刊论文的选题

近两年发表的文献综述类论文的选题	10 年前发表的文献综述类论文的选题

（3）请你耐心对比表 5-3 左右两栏中列出的选题，结合你对这个研究

主题范畴的了解，思考以下几个问题。

- 你所列出的这 10 个选题是否具有前沿性？
- 这 10 个选题的前沿性是否具备足够的时效性？
- 左右两栏中选题的前沿性有何差异？
- 为什么会出现这样的差异？

二、文献综述类学术期刊论文的选题技巧

在学术写作新手眼里，优秀的选题一定是有经验的作者运用某种特别的技巧发掘出来的。如果我跟你说，在选题的挖掘方面其实并不存在多么神奇的技巧，你一定不太愿意相信吧？但实际上，有经验的学术论文作者往往只是踏实地运用了一些常见方法，并不存在魔法一样的技巧。本书第三章向你介绍的"新手作者如何用五个行动找到适合自己的好选题"，就是适合新手的、好用而且实用的方法。这"五个行动"同样适用于挖掘文献综述类学术期刊论文的选题。所以，这里我建议你先回顾一下第三章提及的"五个行动"。

- 关注本领域相关政策变化。
- 积极参加本领域和相关领域的学术交流活动。
- 有目的地检索和阅读学术文献。
- 充分利用文献数据库的附加功能。
- 定期翻阅本领域的学术期刊。

文献综述类学术期刊论文相对其他类型的论文，有一个突出特点：以大量文献为基础。这自然要求作者在琢磨选题的时候已经尽可能充分地了解了相关

研究领域的文献现状，即拥有足够多高质量的文献，高效率阅读足够多的文献，对文献做足够的分析。对此，你是不是觉得有点眼熟？没错，这就是本书第一章关于"文献基本功"的部分特别强调过的。熟稔前面提到的"五个行动"，再结合扎实的文献基本功，你一定能够快速找到适合自己的文献综述类学术期刊论文选题。

一点提醒： 文献阅读范围不要局限在学术期刊文献！

当说到文献、文献研究、文献阅读的时候，新手往往容易误将"文献"等同于"学术期刊文献"，而忘记了学术期刊之外至少还有丰富的学术专著。而一些杂志、报纸、权威网站也可能发布了有研究价值和实践价值的文献，这都是你检索和研究文献的时候需要留意的。

三、实战：如何找到合适的文献综述类论文选题

在本书第三章的第二节，我通过拆分五个选题样例，向你介绍了一个完整的选题应当包含的五个要素，以及每个要素必须具备的特点、必须规避的常见问题。你在寻找适合自己的文献综述类论文选题时，还是要从这五个要素入手。

请你在完成下面这个任务的过程中，回顾一下选题五要素的特点和常见问题。

|任务 5-4| 一起回顾"五要素"吧！

（1）请你在表 5-4 的最左一栏依次写出选题的"五要素"的名称。

（2）请你依次回忆每个要素的含义、特点、需要注意的常见问题，以及选题当中关于这一要素的典型表述，并填写在表 5-4 中相应的位置。

表 5-4 回顾选题的"五要素"

要素名称	要素的含义	要素的特点	常见问题	典型表述

（3）请你对照第三章第二节关于"学术期刊论文选题的五要素"的内容，完善表 5-4。

当你完整回顾选题"五要素"的相关内容之后，再请你回忆一下第三章第五节中介绍的选题聚焦的"五步法"：①圈定选题范畴；②开展文献研究和实践探索；③进一步聚焦选题；④进一步开展文献研究；⑤明确选题。在这五步当中，特别值得注意的是由"进一步聚焦选题"和"进一步开展文献研究"构成的小循环。

接下来，请完成下一个任务，在实战当中尽可能找找适合自己的文献综述类学术期刊论文选题。

■ **|任务 5-5|** 找找适合自己的文献综述类学术期刊论文选题！
....

这个任务要用到你在任务 5-1 中建立的文献综述类学术期刊论文库。

（1）快速浏览这个文献库中的全部论文，留意每篇论文的选题，特别是近年来高被引论文的选题。如有必要，可以将每篇论文的选题扼要记录下来。表5-5可以供你参考。

表5-5　我的文献综述类学术期刊论文库：选题记录

所属文件夹	论文的选题
高被引（5-1）	
0被引（5-2）	
近两年（5-3）	
10年前（5-4）	
......	

（2）反复咀嚼上表中每篇论文的选题，将之分别与你对相关研究主题范畴的认知相比对，然后尝试进一步聚焦，缩小你所关注的研究主题范畴，将缩小后的范畴作为你"最初设定的研究主题范畴"，记入表5-6。

表5-6　文献综述类学术期刊论文写作实战：选题聚焦

选题聚焦步骤	选题聚焦结果
最初设定的研究主题范畴	
第一次聚焦后的研究主题范畴	
第二次聚焦后的研究主题范畴	
......	
尝试提取的研究选题	1.
	2.
	3.
	......

（3）回到你的文献综述类学术期刊论文库，寻找与"最初设定的研究主题范畴"关联度较高的论文，对照其主题，继续聚焦或调整你所关注的研究主题范畴。特别留意两类研究主题：其一为你认为有价值但已有文献中未见精彩论文的研究主题；其二为你感兴趣但是已有精彩论文的研究主

题。前一类主题是你可以进一步挖掘的，后一类主题则建议你暂时放弃。在这个阶段，也建议你做好笔记。

（4）此时如有必要，可以打开文献数据库，继续检索与聚焦后的研究主题范畴关联度更高的文献。这些文献当然也要分类放入你的文献综述类学术期刊论文库。

（5）阅读新获取的文献，再次聚焦、缩小研究主题范畴，并将思考的结果依次记录在表5-6中。

（6）重复前面的第（2）到第（5）步，反复进行选题聚焦，并在表5-6中做好每个步骤的笔记，直到你认为可以开始提取研究选题。提取选题时，不必马上聚焦到唯一的选题上。你完全可以在反复进行的阅读和聚焦中尝试提取出多个研究选题。经过多次练习，你所获得的选题应当比你刚学完第三章时获得的选题更有研究价值，也更具有可操作性。别忘了把你琢磨出来的这几个好选题记入表5-6中。

（7）接下来，请你按照选题的"五要素"，逐一拆分你刚刚确定的几个选题，并在拆分的过程中琢磨如何修改、提升。具体的拆分和修改过程也需要记录下来，你可以参照表5-7的样式进行记录。

表5-7　选题的要素拆分和修改

修改前的选题描述		修改后的选题描述	
修改前的 "时间"要素		修改后的 "时间"要素	
修改前的 "地点"要素		修改后的 "地点"要素	

修改前的选题描述		修改后的选题描述	
修改前的 "主角"要素		修改后的 "主角"要素	
修改前的 "方法"要素		修改后的 "方法"要素	
修改前的 "事情"要素		修改后的 "事情"要素	

（8）到此为止，你应该已经拥有了几个不错的文献综述类学术期刊论文选题啦！恭喜你！请好好留存这几个选题，在本章后面的实战任务中，你一定还会用到它们。

第二节
文献综述类学术期刊论文的结构

在这一节，我先要和你讨论典型文献综述类学术期刊论文的常见类型，然后针对不同类型，探讨其常用的论文结构框架。请你随着讨论的深入，逐一完成本节当中的各个任务。在完成任务的过程中，你定会逐渐学会搭建文献综述类学术期刊论文的框架。

一、文献综述类学术期刊论文的类型

关于文献综述类学术期刊论文的分类，不同的人会有不同的说法。为了方便学术写作新手们理解，本书从写作的操作性角度出发，将文献综述类学术期刊论文粗略分为两大类：趋势探索型综述论文与问题聚焦型综述论文。

所谓趋势探索型综述论文,主要聚焦于某个主题领域,采用某一种或几种文献收集与筛选方法,获得一定时间段内、数量较多的文献,并基于此进行文献主题、研究者分布等方面的特征分析。其分析的视角兼顾时间脉络上的纵向分析与特定时间点上的剖面分析。如其类型名称"趋势探索"所言,这类综述论文旨在辨明现实状况、梳理历史变迁,有依据地呈现该领域的过去与现在,为当下的相关研究和实践提出可行性建议,并可尝试合理预测未来研究与实践的走向。

所谓问题聚焦型综述论文,主要聚焦某个主题领域中的某个问题,通常也要采用某种文献收集方法去获取足够数量的文献,但文献的筛选更多地要结合研究者主观的理解和判读,由此获得典型性突出、数量不必很大的文献,并基于此围绕预先确定的问题进行分析、探讨,层层深入,直到获得研究结论。其分析的视角依然是研究者根据自己对该问题的思考与认知来确定的。如其类型名称"问题聚焦"所言,这类综述论文旨在辨析问题的来龙去脉,或探索对该问题的理解中普遍的、常见的谬误和不足,尝试为关注此问题的研究者与实践者解答疑惑,甚至尝试进行一些理论层面的突破与创新。

■ |任务 5-6| 你了解文献综述类学术期刊论文的两个类型吗?

在开始这个任务之前,请准备好你在任务 5-1 中建立的文献综述类学术期刊论文库。

(1)快速浏览你的文献综述类学术期刊论文库,按照上文介绍的两类综述论文的特点,对库中的论文进行分类统计,并将数量记入表 5-8 中。

表5-8　对文献综述类学术期刊论文库中的文章进行分类

综述论文类型	所属文件夹			
	高被引 （5-1）	0被引 （5-2）	近两年 （5-3）	10年前 （5-4）
趋势探索型	（　）篇	（　）篇	（　）篇	（　）篇
问题聚焦型	（　）篇	（　）篇	（　）篇	（　）篇

（2）记录完毕之后，请回顾一下表5-8：不同类型的论文在哪个文件夹中更多见？

（3）在你快速浏览的过程中，请留意库中那些特别精彩、言之有物的论文，将它们的标题记在表5-9中，并在对应的类型和文件夹下打"√"。在选择精彩论文的时候，请你尽可能兼顾不同的类型。

表5-9　精彩的文献综述学术期刊论文的标题与分布

精彩的综述 论文标题	所属类型		所属文件夹			
	趋势探索型	问题聚焦型	高被引 （5-1）	0被引 （5-2）	近两年 （5-3）	10年前 （5-4）
……	……	……	……	……	……	……

（4）请注意这些精彩论文所属的类型和文件夹，并思考：这样的分布对你琢磨选题有何启发？

至此，你应该已经基本熟悉了文献综述类学术期刊论文的分类，并且收集了两个类型的精彩论文。接下来，我就从这里的分类出发，和你一起探索如何更好地搭建综述论文的框架结构。

二、不同类型综述论文的框架结构

在本书的第二章，我介绍了学术期刊论文的框架，该框架主要包含九个普适元素。其中，论文标题、摘要、关键词、作者信息这四个元素被归入文前部分；正文标题、正文、图片、表格这四个元素被归入文中部分；参考文献列表则为文后部分。

在这九个普适元素中，最基础、最核心的元素要数"正文"了，而其余八个元素或是作者与论文的基本信息，或是在正文基础上被提炼出来或发展起来的，并且其结构与内容都不会因为论文类型的差别而有所区分，因此，接下来主要围绕"正文"讨论不同类型综述论文的框架结构。

关于"正文"，根据本书第二章的介绍，你应该已经了解，学术期刊论文的正文包含七个基本模块：①引言；②文献综述；③研究设计；④研究实施；⑤研究发现；⑥研究结论；⑦讨论、建议和反思。

对于文献综述类学术期刊论文而言，正文依然由上述七个基本模块组成，但是在呈现和表述上往往会凸显出一些特色，也会有与其他类型的学术期刊论文不一样的注意事项。

■ **|任务 5-7|** 精彩的文献综述类学术期刊论文正文都是什么样的？

在前一项任务中，你已经从自己的文献综述类学术期刊论文库中挑选出几篇精彩的论文。现在，你就要用到这几篇论文了。

（1）请从任务 5-6 的表 5-9 中，选择不同类型的精彩论文，每个类型至少 2 篇，然后将论文标题写在表 5-10 中。

（2）请仔细阅读这几篇论文，注意其正文的组成部分（通常用一级标题来呈现），并记录在表 5-10 中相应的位置。

表 5-10　分析精彩的文献综述类学术期刊论文正文的组成部分

论文类型	论文标题	正文包括哪些部分
趋势探索型		
趋势探索型		
……		
问题聚焦型		
问题聚焦型		
……		

（3）请你仔细回顾正文七个基本模块的功能与特点，然后尝试将表 5-10 中的正文组成部分和正文的几个基本模块对应起来，完成表 5-11。

表 5-11　正义基本模块与正文实际组成部分的对应情况

正文的七个基本模块	可与之对应的正文组成部分
引言	
文献综述	
研究设计	
研究实施	
研究发现	
研究结论	
讨论、建议和反思	

（4）至此，对于综述论文中正文七个基本模块的实际呈现和常见表述，你应该有了一些直观的感受。请你特别留意自己挑选出来的精彩综述论文，它们的正文结构很有可能成为你后续写作时的上佳模板。

在直观感受了综述论文正文的实际组成情况之后，接下来我将分别为你讲解两类综述论文正文各个模块的特点。

1. 趋势探索型综述论文正文各个模块的特点

在趋势探索型综述论文中：

- "引言"模块重在向审稿人和读者说明本文为何探索这一领域，以及期望探明的是何种趋势。这一模块有时候并不会被冠以任何标题，有时候也会被命名为"研究背景"。

- "文献综述"模块通常要介绍本文所涉及的核心主题领域或界定主题词，它主要通过对相关文献的综合与分析来完成这一任务。同时，为了与正文标题中的"综述"等字样区分开来，这一模块往往避免以"文献综述"来命名，而直接以对主题领域或主题词的界定、辨析等来命名。

- "研究设计"与"研究实施"模块在过去的趋势探索型综述论文中不常见，但近来在此类论文中经常可以看见。这也与大家对综述论文的研究方法的重视不无相关。在实际的行文中，这两个模块可能单独分立，也可能合二为一，其中通常要说明文献检索、筛选、分析的方法、步骤与结果。

- "研究发现"模块是对文献分析的回应，重在客观呈现作者从文献当中直接发现的、与研究主题相关的趋势性特征。趋势探索型综述论文的"研究发现"模块通常直接以对趋势特征的具体描述来命名，以期直接引起审稿人和读者的注意。

- "研究结论"模块是基于前面的研究发现，并结合作者对相关实践与研究的深入理解，经过作者的认真思考所得出的、关于研究主题领域发展趋势的结论。在已发表的趋势探索型综述论文中，这一部分的标题通常包含"趋势""变迁""历程"等字样。

- "讨论、建议和反思"模块是在结论的基础上继续开展的思考，其中通常包含对研究主题领域发展趋势是否合理、是否科学、是否潜藏隐患的考量，也会包含对后续研究与实践的建议或对未来趋势的判断，以及对本文研究设计、研究实施等方面已经或可能存在的瑕疵的反思。这一部分的标题通常为简单的"结语"二字，或直接以"展望""建议"等命名。

2. 问题聚焦型综述论文正文各个模块的特点

在问题聚焦型综述论文中：

- "引言"模块重在向审稿人和作者说明本文为何着意聚焦某个问题。在如此说明的同时，当然也要阐述相关的研究背景，其目的在于凸显该问题的研究价值所在。这一模块的命名特点和趋势探索型综述论文一样，或以"引言"二字为标题，或以"研究背景"为标题，或不冠以任何标题。

- "文献综述"模块通常用来深入介绍本文所聚焦的研究问题的相关背景，进一步阐明聚焦该问题的价值与意义，并提示接下来开展整个文献研究的切入点或脉络。同样，这个部分通常不以"文献综述"四个字为标题，而常以对背景、价值、切入点的描述为标题。

- "研究设计"与"研究实施"模块在问题聚焦型综述论文中并不常见，大部分此类论文似乎都不打算特意说明作者如何设计、如何实施整个研究过程。但事实上，此类论文背后的文献研究方法与步骤都是约定俗成的：以研究者为工具进行文献的筛选、分析和讨论，而研究者对研究主题的思考是整个文献研究的起点和推动力。至于具体如何获得文献又如何筛选文献，似乎鲜有作者在文中做特别阐述。但作者们在实际的研究和写作中，对文献的采纳一定是慎之又慎的。

- "研究发现"与"研究结论"模块，毫无疑问，是问题聚焦型综述论文的主体。虽然你可能很少在这类论文中见到以"研究发现""研究结论"为标题的正文部分，但是常常能看到作者根据自己的思考所铺展开的、并列或递进的几个部分。这些部分的标题依据内容而定，重在凸显该部分的主题，因而常常会具有一定的描述性。从篇幅上看，这些部分往往占据了整篇论文篇幅的50%～80%。

- "讨论、建议和反思"模块重在归纳作者在整个思考过程中所获得的种种启示，特别要集中阐释作者在所聚焦的问题上实现了怎样的创新和突破，对于解决该问题做出了哪些贡献，以及在此基础上对相关研究和实践提出建议，并适当反思本研究的不足。

一点提醒： 在问题聚焦型综述论文中，文献的典型性不可忽视！

> 虽然这类论文并不是特别需要阐明研究者检索、筛选文献的过程与结果，但是，审稿人在审读此类论文时，一定会评判文中提及的文献的学术价值。而读者判断某篇问题聚焦型综述论文是否值得精读或引用时，也一定会考量文中所涉文献的质量。因此，你需要在研究过程和写作过程中特别注意所选取文献的典型性！

|任务 5-8| 给这些文献综述类学术期刊论文挑一挑毛病吧！

要完成这个任务，你会用到你的文献综述类学术期刊论文库。

（1）请打开论文库中的文件夹"5-2"和"5-4"，从中找出 4 ～ 6 篇结构上存在不足的论文，并把论文标题写在表 5-12 中。请注意：所选论文尽可能包含趋势探索型和问题聚焦型两种综述论文。

（2）对照前面总结的正文模块的特点，精读你选出来的这几篇论文，把其中存在的结构性问题也记录在表 5-12 中。给这些论文挑毛病的过程会让你进一步熟悉综述论文可能出现的结构方面的问题。

（3）针对每篇论文存在的问题，提出你的修改建议，同样记在表 5-12 中。给其他作者提建议的过程会引导你不断思考如何在自己的写作中避免这些问题。

表 5-12　分析文献综述类学术期刊论文中存在的结构性问题

论文标题	所属论文类型	结构方面存在哪些问题	你想建议作者如何修改
……	……	……	……

三、实战：快速搭建文献综述类学术期刊论文框架

在本章的这一部分，我要和你一起在实战中练习快速搭建规范的文献综述类学术期刊论文框架。

下面，请你开始完成本章实战部分的第一个任务，熟悉趋势探索型综述论文的框架搭建方式。

■ |任务 5-9| 趋势探索型综述论文的框架如何搭建呢?

（1）在本章第一节的任务 5-5 中，你应该已经确定了几个不错的选题，不妨从中挑选出一个适合做"趋势探索"的选题吧：_____。

（2）将这个选题按照"五要素"进行拆分，填写在表 5-13 中。

表 5-13　趋势探索型选题的要素拆分

选题"五要素"	对选题要素的描述
时间	
地点	
主角	
方法	
事情	

（3）紧密结合趋势探索型选题的特点，再次斟酌表 5-13 中的"五要素"，确保每个要素都是清晰的、可操作的。换言之，都可以转换成检索词，在文献数据库中进行文献检索。将斟酌后的"五要素"合并起来，写在表 5-14 的第一行中。

（4）为你的选题拟一个正文标题，写在表 5-14 的第二行中。

（5）按照趋势探索型综述论文框架的特点，尝试为你的选题搭建正文框架。请将你所拟定的框架的各个部分记录在表 5-14 中，尽可能尝试与正文的七个基本模块对应，以免漏掉。至此，你已经完成了趋势探索型综述论文的框架搭建。也许有一天你会借助这个框架写一篇趋势探索型综述论文呢！

表 5-14 趋势探索型综述论文的框架搭建

选题描述	
正文标题	
正文基本模块	你的框架
引言	
文献综述	
研究设计	
研究实施	
研究发现	
研究结论	
讨论、建议和反思	

接下来，请继续完成本章实战部分的第二个任务，练习一下问题聚焦型综述论文的框架搭建。

■ |**任务 5-10**| 问题聚焦型综述论文的框架如何搭建呢？

（1）从本章第一节任务 5-5 确立的选题中，再挑选出一个适合做"问题聚焦"的选题。请你把这个选题记录在表 5-15 的第一行中。

（2）从这个选题中，提取出一个值得聚焦的问题，作为你搭建论文框架的起点。请把这个问题记录在表 5-15 的第二行中。

（3）从这个问题出发，为你的选题拟一个正文标题，写在表 5-15 的第三行中。

（4）按照问题聚焦型综述论文框架的特点，尝试为你的选题搭建正文框架。请将你所拟定的框架的各个部分记录在表 5-15 中，尽可能尝试与正文的七个基本模块对应，以免漏掉。至此，你已经完成了问题聚焦型综述论文的框架搭建。千万不要浪费这个框架，将来一定要从这个框架出发，写一篇问题聚焦型综述论文！

表 5-15　问题聚焦型综述论文的框架搭建

选题描述	
拟聚焦的问题	
正文标题	
正文基本模块	你的框架
引言	
文献综述	
研究设计	
研究实施	
研究发现	
研究结论	
讨论、建议和反思	

　　任何类型论文的框架搭建都是一个"技术活"，只有多练习，才能更熟练、更专业。学术写作新手尤其需要足够多的练习，才能充分掌握学术期刊论文的框架搭建。所以，即使完成了前面这些任务，也不要停下来，尽可能多地围绕你所关注的选题，尝试搭建不同类型综述论文的框架吧。至于已经搭建完成的论文框架，也不要满足于其眼下的模样，尽可能多花时间，多修改几遍。优秀的论文框架都是一遍又一遍改出来的！

第三节
文献综述类学术期刊论文审稿中的常见问题

　　在这一节里，我要为你归纳文献综述类学术期刊论文审稿中常见的六类问题。如果你在写作当中能完美避开这六类问题，写出来的论文一定能得到审稿人的"点赞"！

一、选题的创新价值不明显

文章选题是各类文章审稿中最核心的关注点。经过第三章的学习，你应该已经牢牢记住：选题是学术期刊论文的灵魂！选题质量对论文质量、对审稿结果的影响之大，绝对不容忽视。

在审稿中，综述类学术期刊论文选题的常见问题是：研究价值不足。具体来说，这样的论文或许足够严谨、规整，但是选题本身缺乏足够的研究价值，论文主体内容始终在有条理地呈现已有研究的成果，却看不到作者创新性的思考结果。因此，即使作者花费了大量时间和精力去完成这样的一篇论文，也很难获得发表论文与同行分享、交流的机会。

出现这样的问题，通常是因为写作者在琢磨选题的时候只考虑了自己是否了解这个选题、是否方便收集足够丰富的文献，以及能否把控这个选题，却忘了学术期刊论文的选题必须具备前沿性、创新性。仅仅系统、严谨、规整地呈现某个选题的内容，是教材应当实现的功能，而绝非学术期刊论文的功能。

二、筛选文献的标准与结果含糊

可以说，文献是综述论文的"立身之本"；也可以说，获取数量适当、品质上乘的文献，是撰写一篇优秀的综述论文的重要基础。那么，审稿人如何判断综述论文筛选文献的方式是否规范，筛选结果是否恰当？他们一方面是凭借自身对相关领域的深刻了解，另一方面是依据论文中关于筛选标准与筛选结果的表述。概言之：文献筛选的标准必须能够得到学界公认，尽可能兼顾对数量和质量的考量；文献筛选的过程必须严谨、真实，尽可能不漏掉有价值的文献，也不纳入无价值和低价值的文献；文献筛选的结果，即最终采纳的文献，必须具备足够的科学性和典型性，并尽可能具备足够的权威性。

在趋势探索型综述论文中常见比较规范的、关于文献筛选标准与结果的表述，这可能已经成为此类论文的"标配"了。而问题聚焦型综述论文中经常看不到关于文献筛选标准与结果的表述，但这并不意味着这类论文不需要严谨、规范的筛选标准与结果。在这类论文中，随处可见文献引用的痕迹，时时刻刻提醒着审稿人和读者，作者筛选文献的基本功是否扎实。近来，即使是问题聚焦型综述论文，也开始出现有关文献筛选标准与结果的表述了，这样的做法至少应该很受审稿人的欢迎。

三、没有选择恰当的文献分析工具

在文献研究当中，完成文献筛选之后，最关键的一步就是文献分析。文献分析过程的质量与所选择的文献分析工具紧密相关。通常，学术写作者会考虑采用某种软件工具（如 CiteSpace 或 NVivo 等），或者以研究者本身为分析工具，来完成对文献的分析。在分析工具的选取中，"恰当"二字是最要紧的。

审稿中，关于文献分析工具的选用，最常见的问题是盲目跟风。举个例子，当很多已发表论文都使用 CiteSpace 软件来分析文献时，审稿人往往会发现来稿中使用这个软件的综述论文越来越多，但是，倘若剥离软件提供的图表信息，似乎就看不到作者本身作为研究者的思考与探索，遑论创新性的研究成果了。这个问题在趋势探索型综述论文的审稿中表现仍尤为突出。

在问题聚焦型综述论文的审稿中，常见的问题是学术写作新手文献分析的深度不足、逻辑性欠缺。单靠写作本身恐怕是无法解决这些问题。不过，从学术期刊论文写作的角度，我或许可以给你提一个建议：考虑借助某种分析软件，或采纳某种定量分析方法，得出特定信息，以辅助自己的分析过程，丰富分析结果。当然，这只是工具方面的建议，要从根本上提升文献分析的深度和逻辑性，还需要在日常的学习与研究中想办法。

四、参考文献标引不规范

参考文献标引是否规范，这是所有学术期刊都特别重视的一个审稿标准。在文献综述类学术期刊论文的审稿中，审稿人对参考文献标引的要求尤其高。毕竟，读者们阅读综述论文，除了期望了解作者的研究结论，通常还会期望追溯到更多有价值的文献，此时，论文中参考文献标引的质量就非常重要了。

综述论文审稿中常见的参考文献标引问题涉及两大方面：其一，在正文中进行标引时，将直接引用与间接引用混淆，导致文字复制比偏高；其二，文末参考文献列表中的文献著录信息不完整、不准确。关于具体如何改善这两方面的问题，可以参照本书前面章节的相应内容。

五、综述焦点分散

每一篇综述论文都需要有一个焦点，所有关于文献的分析和评述都需要围绕这个焦点展开，并最终回到这个焦点上。这样的焦点是论文选题的核心，也是整篇论文框架与内容的核心。

综述焦点分散，甚至没有焦点，这是趋势探索型综述论文审稿中常见的问题。这个问题的根源在于选题时考虑不充分，选题聚焦的次数不够，选题尚未聚焦到一个"点"上就开始研究和写作了。千万不要小看这个问题，这可能是趋势探索型综述论文的致命伤，因为一旦出现这一问题，就很难通过小修小改去挽救了。审稿人遇到综述焦点分散的论文时，考虑到修改的可行性和工作量，一般倾向于建议退稿。

要避免焦点分散的问题，唯有在聚焦选题的时候反复斟酌，不断尝试明确焦点。这个焦点的优劣不是以大小来判断的，但是焦点一定要清晰、明确，既有研究价值，又有发表价值。具体到趋势探索型综述论文，写作者就需要仔细斟酌：到底该研究什么样的趋势？应将焦点定位在大趋势还是小趋势？这些问题的答案，恐怕只能结合自己对相关研究和实践的理解去深入探索了。

六、没有提出有足够学术价值的研究问题

在问题聚焦型综述论文的审稿中，最常见的、最致命的不足是整篇论文没有提出具备足够学术价值的研究问题。或许作者选择的研究问题是自己感兴趣的、了解的、擅长的，但是，如果审稿人将之放置到整个研究领域里，却无法看出这一研究问题的学术性，特别是其在学术层面的突破性，恐怕很难给这篇论文比较高的评价，甚至有很大的可能建议退稿。毕竟，这也算是综述论文的致命伤，修改起来必定伤筋动骨。

应该说，这一不足还是源自选题过程的草率。写作者必须花费足够的精力去充分确认、反复论证其所聚焦的研究问题的学术价值，才有可能避免因为研究问题的学术性不足而被退稿。

在初步了解文献综述类学术期刊论文审稿中常见的六类问题之后，请你接着完成下面的任务，加深自己对这六类问题的理解。

■■ |任务 5-11| 如果综述论文写得不完美，该怎么办呢？

在这个任务中，你需要再次打开你的文献综述类学术期刊论文库。

（1）依次浏览你收集在该论文库中的每一篇文章。如果发现其中哪篇论文存在以上六个方面的常见问题，就请将这些不完美论文的标题记录在你的文献笔记里。表 5-16 可以供你参考。

（2）浏览完毕之后，请你继续精读这些不完美的论文，并根据本节介绍的内容，仔细辨别每篇论文存在哪些常见问题，并在表 5-16 中勾画出来。

（3）接下来，根据你辨别出的问题类型，对不完美论文存在的问题进行具体描述，并将你的描述记入表 5-16 中。

（4）最后，请你继续琢磨这些不完美的论文，针对其问题，结合本书各章介绍的相关内容，为其提出修改建议。我相信，在这样反复思考如何改进的过程中，你会逐渐掌握文献综述类学术期刊论文的"避坑秘籍"。

表 5-16　尝试给不完美的文献综述类学术期刊论文提意见

论文标题	
所属类型	趋势探索型 [ ]　问题聚焦型 [ ]
存在哪类问题	选题的创新价值不明显 [ ] 筛选文献的标准与结果含糊 [ ] 没有选择恰当的文献分析工具 [ ] 参考文献标引不规范 [ ] 综述焦点分散 [ ] 没有提出有足够学术价值的研究问题 [ ]

你对问题的具体描述	
你的修改建议	

　　在完成本章前面各个任务的过程当中，你应该已经积累了自己感兴趣的文献综述类学术期刊论文选题和经过反复修改的论文框架。那么，努力完成下面这个大任务吧，给自己的实战画上圆满句号！

■ ▦ |**任务 5-12** | 终极挑战：完成你的文献综述类学术期刊论文！

　　（1）回顾一下你在本章之初给自己确定的综述论文选题，以及随后据此拟定的论文框架。

　　（2）再次斟酌这些选题和框架，从中选定你此刻认为最有写作价值也最有写作可能的选题与框架。

　　（3）如果有可能，拿着这个选题和框架向你的同学、同事、老师请教，听听他们的建议。

　　（4）根据你收集到的建议，以及你自己的思考，对选题进行最后一次打磨，对框架进行最后一次修改。

　　（5）试着开始写作一篇完整的文献综述类学术期刊论文吧！

第六章　学术期刊论文的排版：
常规格式与常见问题

本章导读

　　本章将为你介绍学术期刊论文总体与各个部分在排版方面的注意事项，并讲述审稿中常见的排版问题。在此需要说明的是，虽然本章所有关于排版的操作都基于 Word 软件，但是文档排版软件的操作并不是本章所关注的核心内容，我也不打算专门讨论某个软件的使用。本章具体内容如图 6-1 所示。

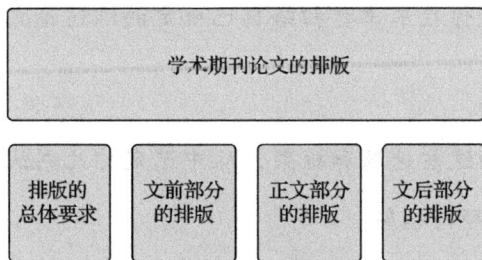

学术期刊论文的排版

| 排版的总体要求 | 文前部分的排版 | 正文部分的排版 | 文后部分的排版 |

图 6-1　第六章的具体内容

　　本章主要介绍学术期刊论文排版的总体要求，以及文前部分、正文部分、文后部分排版的特点和需要注意的问题。论文排版涉及的细节烦琐，需要你有足够的耐心，当然也需要你足够认同排版这项任务的重要性。学术期刊论文的排版有多重要？从我以往审稿的经验来看，版式规范、格式标准、清晰易读毫无疑问是一篇论文的加分项。

那么，就让我们一起努力，争取圆满完成本章的学习任务吧！

本章学习要点 >>

- 掌握学术期刊论文排版的总体要求。
- 掌握学术期刊论文文前各个部分的排版格式与技巧，了解如何避免常见问题。
- 掌握学术期刊论文正文各个部分的排版格式与技巧，了解如何避免常见问题。
- 掌握学术期刊论文文末参考文献列表的排版格式与技巧，了解如何避免常见问题。

第一节
学术期刊论文排版的总体要求

一、先不要着急动手排版

在完成学术期刊论文写作、准备开始排版之前，首先要注意的是：你有没有确定投稿的目标期刊？

如果已经确定目标期刊，请一定去找找该期刊对初投稿件版式、格式的具体要求。这一点非常重要！因为不少学术期刊为了提高审稿效率，都会要求作者严格按照其规定的文稿模板进行排版，甚至会将是否符合文稿模板要求作为是否同意初投稿件进入审稿流程的重要评判依据。个别期刊还会明确告知作者：如果初投稿件未能按照规定排版，一定会直接退稿。如果真的因为这个原因被退稿，那实在是太可惜了吧？！

确定了目标期刊并且找到目标期刊对初投稿件格式与版式的明确要求后，请你在投稿之前，一定要依据这些要求去逐一调整全文的格式与版式。调整完毕之后，还要花一些时间对照目标期刊的要求，逐项核对，尽可能不要有遗漏、疏忽。为了确保投稿后不在格式方面耽误宝贵时间，在排版的时候就不能怕麻烦。

一点提醒： 从哪里找到目标期刊对初投稿件的排版要求？

通常，目标期刊会在其官方网站或投稿平台上的醒目位置，发布其对初投稿件的格式要求，并冠之以"投稿指南""投稿须知""论文模板"

之类的标题。其中会详细列出整篇论文的版式以及论文各个部分的格式应该采用何样的标准。有的学术期刊也会给出 Word 文件格式的论文模板，方便作者直接用 Word 软件中的"格式刷"功能去完成排版。

如果你在写完全文后、预备投稿时还没有确定目标期刊，或者你的目标期刊对初投稿件并没有格式方面的严格要求，那么，你可以考虑按照本章介绍的内容，逐一完成整个文档的排版，获得一篇看起来和绝大多数学术论文很相像的文稿。这样的文稿在"外形"上应该基本符合大多数学术期刊对初投稿件的格式要求。

二、选择适合自己的排版软件

在开始对自己的学术期刊论文进行排版之前，你需要先选定一个排版软件。这个软件的选择标准只有两个：普适和常用。所谓"普适"，是指使用这个软件，你能满足几乎任何一篇学术期刊论文在总体版式、细节格式方面的各种要求，基本上不需要再使用另外的软件来弥补其不足。所谓"常用"，是指大多数学术写作者都用这个软件进行文稿排版，大家排版后的文稿样式类似，排版中遇到的问题也都能够很快找到解决方案，这样将有助于你提高排版效率。

综合起来看，微软办公软件套装中的 Word 软件完全符合这两个标准。对于学术写作新手来说，如果日常写文件都是用 Word 软件，那么用 Word 软件完成学术文章的排版，应该也会非常顺手。

因此，本章后面的内容都是以 Word 软件为基础来讨论如何排版的，所有相关表述采用的都是 Word 软件中的常用术语。

三、现在开始确定全文版式

当你开始设置一篇学术期刊论文的全文版式，直接采用 Word 软件默认的空白模板就可以了。这样设置出来的文档，页面是标准的 A4 大小，而且你不需要对页边距等做任何修改，直接采用原始设置就可以了。这时候，采用 Word 软件默认的页面视图（Print Layout）会更方便你后面的排版操作。

学术期刊论文通常不必设置页眉。审稿中偶尔会看到有作者将论文标题或者自己的姓名、联系方式放到页眉位置，但这似乎对提高审稿效率并没有什么帮助。不过，我强烈建议你在文档的页脚中设置页码，这个小小的细节会大大地方便学术期刊编辑和审稿人审读稿件。页码建议采用最简单的格式：在页脚的正中或靠右的位置，插入阿拉伯数字表示页码即可。

整篇论文每一个部分采用的字体都可以随你的喜好去设置，但是，你需要知道：最常见的中文字体包含但不限于仿宋体、宋体，最常见的英文字体是新罗马体（Times New Roman）。关于字体，你还需要特别留意：不要使用 Word 软件自带字体之外的任何字体。否则，在你的计算机里看起来也许非常漂亮的字体，在审稿人的计算机里显示出来，可能就完全不是你精心设计的模样了。对于这一点，在本章后面的内容中，我会时不时地提醒你，原因只有一个：我在审稿的过程中常常遇到用特殊字体的作者。

另外，初投稿件也不必设定个性化的页面水印，因为任何水印都可能干扰阅读，而且从多年审稿的情况来看，并没有什么信息需要用水印去呈现。如果你希望用设置水印的方式防止原创论文被盗用，那其实也不是很有必要。靠谱的学术期刊是不会泄露投稿人的投稿的，毕竟这样做是对期刊声誉的极大伤害。专业的审稿人也不会冒着被诉学术不端的风险去窃用投稿人的学术成果。

学术期刊论文定稿后、投稿前，还有一点是你特别要注意的：初投稿件的文档中不要保留任何批注和修订痕迹。请你记得接受或拒绝每一个修订，删去每一个批注，并关闭修订模式，以防无意的操作再次给论文添加修订痕迹。如果你提交的稿件整体看起来清爽、干净，一定会给编辑和审稿人留下不错的第一印象。

一点提醒： 是否需要按照目标期刊已发表论文的格式排版？

有时候，我会看到初投稿件根据期刊已发表论文的格式排版，但其实这样做并没有太大必要。初投稿件最重要的是符合大家对学术文章格式的共识，让编辑和审稿人能快速获得审稿需要的重要信息，并且轻松、方便地阅读全文，最好还能让他们借此认可作者所接受的学术写作训练——至此，就够了。

除非目标期刊明确要求作者按照该期刊已发表论文的格式排版，否则，我并不建议你这样做。事实上，因为期刊多年沿袭的传统，已发表论文常常采用两栏、三栏排版，但是审稿的时候，这样的排版是不方便高效率阅读的。而且，已发表论文的很多格式都是用专业排版软件实现的，新手仅仅用 Word 软件并不容易做到。

第二节
文前部分的排版

文前部分的排版主要涉及论文标题、中文摘要和英文摘要、中文关键词和英文关键词、作者信息、项目课题信息。每一个部分都有各自的特点，也会有容易出现的问题。下面，我会一一为你介绍。

一、论文标题的排版

论文标题是学术期刊编辑和审稿人审读论文时第一眼所见的内容，因此，请你务必在排版时让论文标题美观、清晰、醒目。

论文标题的排版格式通常是居中、加粗，采用宋体、仿宋体或黑体，比正文大 2～4 个字号均可，但最好能在一行之内呈现完整的标题，行间距也可以比正文更大一些，选取 1.5 倍或 2 倍行间距都可以。

如果论文标题包含正标题与副标题，一定要将二者区分开来，如图 6-2 所示：正标题通常在第一行居中，副标题在第二行靠右对齐，并且采用比正标题小一些的字号，或与正标题采用同样的字号，但是不加粗。

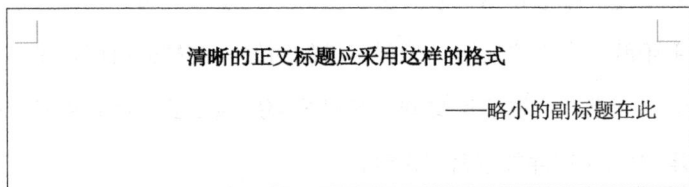

清晰的正文标题应采用这样的格式

——略小的副标题在此

图 6-2　由正标题和副标题组成的论文标题

如果正标题中包含冒号，你可以任选两种排版方式：当整个标题字数不多时，可以把整个标题放在一行当中，如图 6-3 所示；如果整个标题字数比较多，可以在冒号之后换行，并将第二行标题靠右对齐，但是，因为冒号前后都是正标题，因此两行标题应当采用同样的字体与字号，如图 6-4 所示。

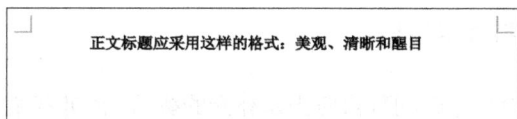

> 正文标题应采用这样的格式：美观、清晰和醒目

图 6-3　带冒号的正标题：字数较少时

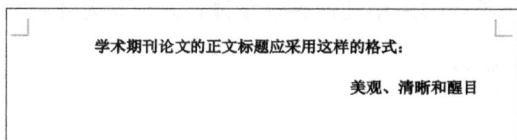

> 学术期刊论文的正文标题应采用这样的格式：
>
> 美观、清晰和醒目

图 6-4　带冒号的正标题：字数较多时

作为论文标题的英文翻译版，英文标题可以放在中文标题之后，也可以和英文版的作者信息、摘要、关键词一起放在全文最后。英文标题通常采用新罗马体，字号、行间距等与中文标题一致或略小。英文标题若有副标题或有冒号，排版时可以参照中文标题的处理方式。

一般来说，论文标题排版常见的问题如下。

● 正标题和副标题连续排列，不在破折号处换行，这样就很容易影响阅读效率，也显得作者在学术写作方面不够专业。

● 副标题右对齐不用 Word 软件的标准操作实现，而使用空格来实现，如图 6-5 所示，这样的做法很容易在传递文档的过程中导致文档格式变形，影响文档的美观，进而显得作者接受的学术写作训练不够专业。

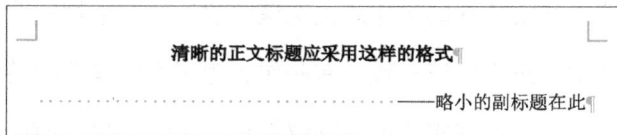

> 清晰的正文标题应采用这样的格式¶
>
> ·······························——略小的副标题在此¶

图 6-5　使用空格实现的右对齐

一点提醒： 不要用特殊字体！

学术期刊论文标题的醒目应当是朴素的醒目，而非花哨、热闹的醒目。为此，你只需要通过字体、字号等的调整，做一些简单的排版处理即可。非常不建议你在排版时采用任何特殊字体，尤其是艺术字体，更不要使用图片来呈现正文标题。

二、中文摘要和英文摘要的排版

学术期刊论文的摘要是期刊编辑和审稿人了解正文内容前必须先仔细阅读的部分，因此，中文摘要和英文摘要的排版务必以"方便阅读"为首要甚至是唯一目标。

摘要模块的排版惯例是先中文摘要、后英文摘要。当然，英文摘要也可以随英文版的标题、作者信息和关键词放在全文最后。

为了方便审稿人阅读，论文的摘要通常以醒目的标记开头，如加粗的"摘要："""【摘要】"，或加粗的"Abstract:""ABSTRACT"，等等。摘要的整个段落可以考虑使用悬挂缩进，两端可以设置一定的缩进量，如图6-6所示，以使其显得更醒目。摘要的排版很少使用首行缩进格式。

中文摘要可以考虑选用与正文不一样的字体，但最好不要超出常用字体的范畴，更不要使用非常特殊的字体。英文摘要建议统一采用新罗马体。摘要的字号和行间距通常与正文保持一致。有些作者为了突出摘要的特殊性，会使用比正文小一号的字号，但其实我很不建议你用太小的字号，原因很简单：小一点的字总是不如大一点的字那么方便阅读。

摘要：这是整篇文章的摘要。请确保其表达清晰。你需要用它来吸引审稿人的注意。这是整篇文章的摘要。请确保其表达清晰。你需要用它来吸引审稿人的注意。这是整篇文章的摘要。请确保其表达清晰。你需要用它来吸引审稿人的注意。

Abstract: This is the abstract of the whole paper. Please make it clear. You need to attract the reviewer's attention with it. This is the abstract of the whole paper. Please make it clear. You need to attract the reviewer's attention with it.

【摘要】 这是整篇文章的摘要。请确保其表达清晰。你需要用它来吸引审稿人的注意。这是整篇文章的摘要。请确保其表达清晰。你需要用它来吸引审稿人的注意。这是整篇文章的摘要。请确保其表达清晰。你需要用它来吸引审稿人的注意。

ABSTRACT: This is the abstract of the whole paper. Please make it clear. You need to attract the reviewer's attention with it. This is the abstract of the whole paper. Please make it clear. You need to attract the reviewer's attention with it.

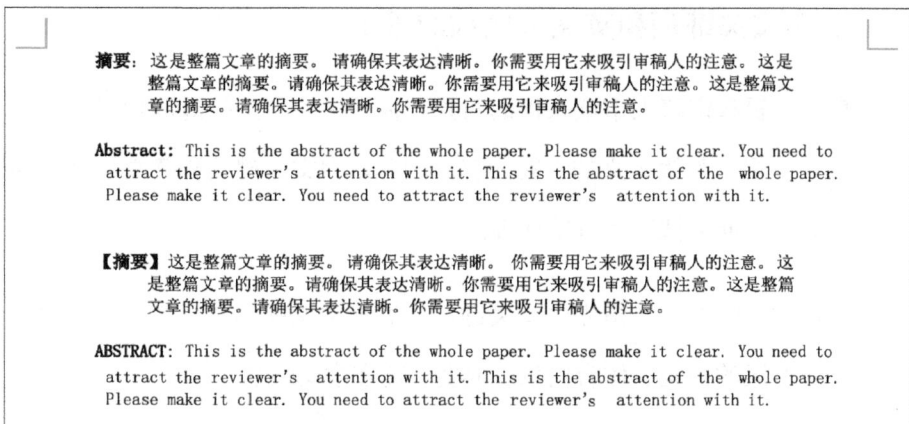

图 6-6   中文摘要和英文摘要的排版

一般来说，中英文摘要排版常见的问题如下。

● "摘要"标志不清晰、不醒目，影响阅读。

● 为了显得特殊，使用了过小的字号、过密的行间距，同样影响阅读。

● 使用了特殊的字体，在别的计算机软件系统中不兼容，审稿人打开文档时显示错误。

一点提醒： 正文标题和摘要不必单独占据一页！

　　有的学术期刊论文作者会把正文标题和摘要单独放在一页当中，与正文内容分隔开来，理由是学位论文都是这样要求的。但是，学术期刊论文毕竟不是学位论文，学术期刊正文的摘要也比学位论文的摘要短很多，因此，当你给学术期刊论文排版的时候，并不需要把正文标题和摘要单独放在一页当中。

三、中文关键词和英文关键词的排版

在期刊编辑和审稿人审读来稿的时候，稿件中的中文关键词和英文关键词能向他们快速提示整篇论文的主题内容。因此，中文关键词和英文关键词的排版同样要以"方便阅读"为首要标准。

关键词的排版惯例也是先中文关键词、后英文关键词。当然，英文关键词也可以随英文版的标题、作者信息和摘要，放在全文最后。

为了方便审稿人阅读，关键词也要以醒目的标记开头，如加粗的"关键词："、"【关键词】"，或加粗的"Keywords:"、"KEYWORDS"，等等。在字体、字号、缩进量等方面，关键词都可以和摘要完全保持一致。常见的关键词排版样式如图 6-7 所示。

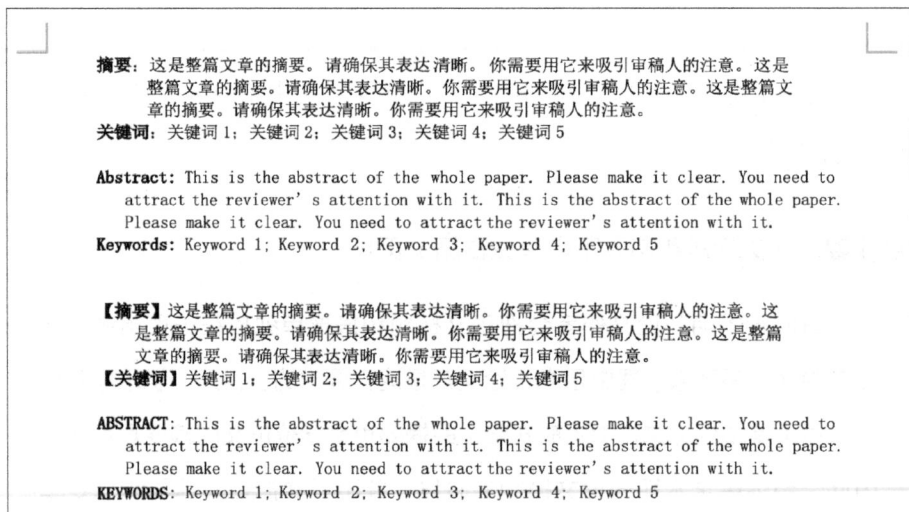

摘要： 这是整篇文章的摘要。请确保其表达清晰。你需要用它来吸引审稿人的注意。这是整篇文章的摘要。请确保其表达清晰。你需要用它来吸引审稿人的注意。这是整篇文章的摘要。请确保其表达清晰。你需要用它来吸引审稿人的注意。
关键词： 关键词 1；关键词 2；关键词 3；关键词 4；关键词 5

Abstract: This is the abstract of the whole paper. Please make it clear. You need to attract the reviewer's attention with it. This is the abstract of the whole paper. Please make it clear. You need to attract the reviewer's attention with it.
Keywords: Keyword 1; Keyword 2; Keyword 3; Keyword 4; Keyword 5

【摘要】 这是整篇文章的摘要。请确保其表达清晰。你需要用它来吸引审稿人的注意。这是整篇文章的摘要。请确保其表达清晰。你需要用它来吸引审稿人的注意。这是整篇文章的摘要。请确保其表达清晰。你需要用它来吸引审稿人的注意。
【关键词】 关键词 1；关键词 2；关键词 3；关键词 4；关键词 5

ABSTRACT: This is the abstract of the whole paper. Please make it clear. You need to attract the reviewer's attention with it. This is the abstract of the whole paper. Please make it clear. You need to attract the reviewer's attention with it.
KEYWORDS: Keyword 1; Keyword 2; Keyword 3; Keyword 4; Keyword 5

图 6-7 中文关键词和英文关键词的排版

关键词通常不止一个，因此要注意在各个关键词之间添加分隔符号。常见的关键词分隔符号有空格、逗号、分号。我推荐你使用逗号或分号来分隔关键词。因为，如果使用空格来分隔，当在另一台计算机上查看文档时，空格很容易由于软件系统的不同而看起来不显眼，影响阅读体验。

一般来说，中英文关键词排版常见的问题如下。

- 由于使用空格来分隔关键词，因此在不同计算机软件系统之间切换时，空格变得不明显，使多个关键词看起来像是连续排列的，不利于区分关键词。
- 中文关键词使用英文符号分隔，或者英文关键词使用中文符号分隔，这两种情况都会让期刊编辑觉得不协调，期刊编辑甚至会认为是标点符号的错用。

一点提醒： 注意英文关键词标记的拼写！

前面我已经向你介绍了英文关键词的两种标记方式。不论你采用哪一种，都需要用到一个单词："keywords"。因为关键词通常不止一个，所以你需要特别留意这里使用的是"keyword"这个单词的复数形式。如果丢失了单词末尾的"s"，虽然不会直接影响审稿结果，但也容易让审稿人觉得作者不够严谨，写作基本功有欠缺。

四、作者信息的排版

作者信息的重要性，自然不必多言。在整篇学术期刊论文的排版中，作者信息必须完整，而且必须非常清晰，必须在允许的范围内非常醒目——这一点应该是每一位学术写作者都赞同的。

通常，初投稿件可以在正文标题之下按顺序列出每一位作者的姓名，用逗号或者空格分开。作者姓名应当居中排版，字体与正文标题一致，字号可以略小，或者与正文标题采用相同字号，但是不加粗，以免过分显眼。在作者姓名之下，请依次排列每一位作者的单位信息，用阿拉伯数字标示顺序，并将对应数字标注在对应作者姓名的右上角，如图 6-8 所示。

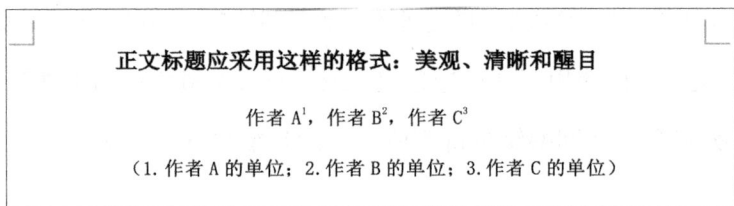

正文标题应采用这样的格式：美观、清晰和醒目

作者 A[1]，作者 B[2]，作者 C[3]

（1. 作者 A 的单位；2. 作者 B 的单位；3. 作者 C 的单位）

图 6-8　作者姓名的排版

学术期刊论文还要注明作者姓名、职称、职务、学位、详细工作单位、联系方式等其他信息。这些重要信息要按照论文署名顺序排列，排版时可以放置在论文标题之下（见图 6-9），论文摘要之下（见图 6-10），论文首页脚注中（见图 6-11），或者全文末尾。从图 6-11 的示例中你应该也感受到了，如果作者人数较多、作者信息行数较多，那么，把所有作者信息放在首页脚注中，首页版面就可能放不下多少正文文字了。

全部作者信息的字体、字号、行间距等与正文保持一致即可。为了突出作者姓名，可以采用悬挂缩进的格式排版。

正文标题应采用这样的格式：美观、清晰和醒目

作者 A[1]，作者 B[2]，作者 C[3]

（1. 作者 A 的单位；2. 作者 B 的单位；3. 作者 C 的单位）

作者 A：副教授，硕士，某大学教育学院，联系电话 12225678900，电子信箱 A123456@126.com，某省某市某区某路 101 号，邮政编码 123456。

作者 B：讲师，硕士，某大学工业学院，联系电话 13335678900，电子信箱 B123456@126.com，某省某市某区某路 101 号，邮政编码 123456。

作者 C：硕士研究生，某大学教育学院，联系电话 14445678900，电子信箱 C123456@126.com，某省某市某区某路 101 号，邮政编码 123456。

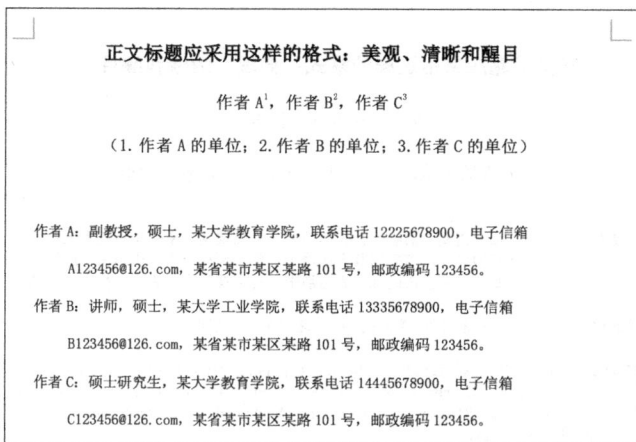

图 6-9　作者信息放在论文标题之下的排版方式

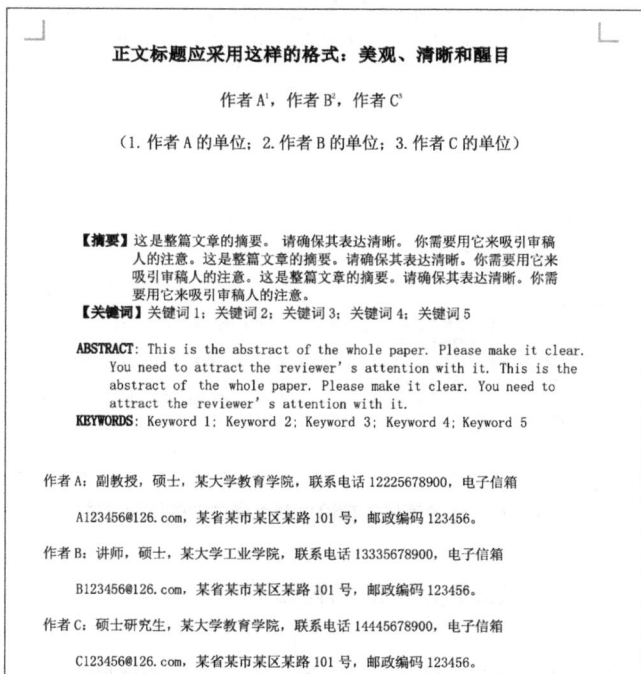

正文标题应采用这样的格式：美观、清晰和醒目

作者 A[1]，作者 B[2]，作者 C[3]

（1. 作者 A 的单位；2. 作者 B 的单位；3. 作者 C 的单位）

【摘要】这是整篇文章的摘要。请确保其表达清晰。你需要用它来吸引审稿人的注意。这是整篇文章的摘要。请确保其表达清晰。你需要用它来吸引审稿人的注意。这是整篇文章的摘要。请确保其表达清晰。你需要用它来吸引审稿人的注意。

【关键词】关键词1；关键词2；关键词3；关键词4；关键词5

ABSTRACT: This is the abstract of the whole paper. Please make it clear. You need to attract the reviewer's attention with it. This is the abstract of the whole paper. Please make it clear. You need to attract the reviewer's attention with it.

KEYWORDS: Keyword 1; Keyword 2; Keyword 3; Keyword 4; Keyword 5

作者 A：副教授，硕士，某大学教育学院，联系电话 12225678900，电子信箱 A123456@126.com，某省某市某区某路 101 号，邮政编码 123456。

作者 B：讲师，硕士，某大学工业学院，联系电话 13335678900，电子信箱 B123456@126.com，某省某市某区某路 101 号，邮政编码 123456。

作者 C：硕士研究生，某大学教育学院，联系电话 14445678900，电子信箱 C123456@126.com，某省某市某区某路 101 号，邮政编码 123456。

图 6-10　作者信息放在论文摘要之下的排版方式

图 6-11　作者信息放在论文首页脚注中的排版方式

一般来说，作者信息排版常见的问题如下。

- 为了醒目，使用特殊甚至花哨的字体，这样的排版会让审稿人觉得不够稳重。

- 不同作者的信息连续排列，没有分为不同段落，这样当然会不易分辨。如果获得录用，正式排版的时候也容易给专业排版人员增添麻烦。

- 对作者信息进行不必要的分类呈现，比如把同一单位的作者的信息放在一起，这就真的是在给后续的专业排版工作添乱了。

一点提醒： 不是第一作者，也需要提供完整作者信息！

期刊编辑们经常在初投稿件中看到一个现象：作者信息部分只有第一作者的完整信息，其他作者只有简单的姓名和单位信息。这样的做法显得不够专业。即使目标期刊在正式刊登文章时只详细呈现第一作者的信息，你在投稿的时候依然要注意提供每一位作者的完整信息。

五、项目课题信息的排版

不是每一篇学术期刊论文都能得到研究项目或课题的资助，但是因为项目课题信息的排版比较特殊，因此在这里单独做一个说明。

在排版时，项目课题信息通常放在论文首页的页脚，字体与正文字体一致，字号小于正文字号。与此同时，还要在论文标题末尾的右上角和项目课题信息的左上角用"*"标记。如此才算是完成了项目课题信息的排版，如图 6-12 所示。你也可以用插入脚注的办法来实现项目课题信息的排版。另外，也有作者把项目课题信息放在文末或者论文标题之下，以加粗的"项目信息："、"课题信息："或者"【项目信息】""【课题信息】"来标注。但不管放在哪里，一定要记得论文标题末尾右上角的"*"标记，这是多数学术期刊默认的项目课题信息标记符号。

正文标题应采用这样的格式：美观、清晰和醒目*

作者 A[1]，作者 B[2]，作者 C[3]

（1. 作者 A 的单位；2. 作者 B 的单位；3. 作者 C 的单位）

作者 A：副教授，硕士，某大学教育学院，联系电话 12225678900，电子信箱 A123456@126.com，某省某市某区某路 101 号，邮政编码 123456。
作者 B：讲师，硕士，某大学工业学院，联系电话 13335678900，电子信箱 B123456@126.com，某省某市某区某路 101 号，邮政编码 123456。
作者 C：硕士研究生，某大学教育学院，联系电话 14445678900，电子信箱 C123456@126.com，某省某市某区某路 101 号，邮政编码 123456。

【摘要】这里是整篇文章的摘要。请确保其呈现清晰。你需要用它来吸引审稿人的注意。这里是整篇文章的摘要。请确保其呈现清晰。你需要用它来吸引审稿人的注意。这里是整篇文章的摘要。请确保其呈现清晰。你需要用它来吸引审稿人的注意。

【关键词】关键词 1；关键词 2；关键词 3；关键词 4；关键词 5

ABSTRACT: This is the abstract of whole paper. Please make it clear. You need to attract reviewer's attention with it. This is the abstract of whole paper. Please make it clear. You need to attract reviewer's attention with it.

KEYWORDS: Keyword 1; Key word 2; Key word 3; Key word 4; Key word 5

引言

由此开始，是文章的正文。由此开始，是文章的正文。由此开始，是文章的正文。由此开始，是文章的正文。由此开始，是文章的正文。由此开始，是文章的正文。由此开始，是文章的正文。由此开始，是文章的正文。由此开始，是文章的正文。由此开始，是文章的正文。

*本文为某级别某项目或某课题（编号：ABC123）的研究成果。

图 6-12　项目课题信息排版

一般来说，项目课题信息排版常见的问题如下。

- 论文标题末尾丢了“*”标记。
- 项目课题信息放在正文当中，但是标注不够醒目，导致这个重要信息淹没在了整篇论文当中。

一点提醒： 项目课题信息要实事求是！

　　严格来说，一篇论文只能是一个项目或者课题的研究产出，因此论文一般只有一个项目课题信息。如果在论文当中标注超过一个项目课题信息，但无法证明这篇论文确实是多个项目或课题的共同产出，一定会被审稿人质疑的。

　　因此，当你在文中标注项目课题信息的时候，一定要牢记：实事求是！

第三节
正文部分的排版

　　正文部分的排版主要涉及正文标题、正文段落、图片、表格、正文中参考文献标注。正文部分占据了学术期刊论文最多的篇幅，所涉及的规范细节也最多。因此，本节内容值得你用心了解、反复操练，尽快熟悉起来。

一、正文标题的排版

　　学术期刊论文正文标题的排版值得你认真对待。排版清晰的正文标题能够层层递进地向编辑和审稿人呈现整篇文章的主体框架，非常有利于帮助他们提高审稿效率。

　　常见的正文标题格式有两种，如图 6-13 和图 6-14 所示。一般来说，自然科学的期刊大多偏爱图 6-13 所示的格式，人文社会科学的期刊大多偏爱图 6-14

所示的格式。究竟采用哪一种格式给你的论文排版？最好还是翻一翻你的目标期刊，看看目标期刊最近刊发的论文采用了哪种正文标题格式。

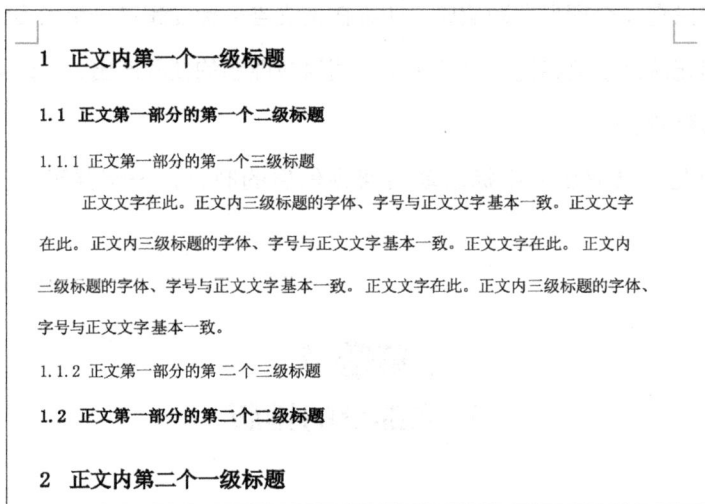

1　正文内第一个一级标题

1.1　正文第一部分的第一个二级标题

1.1.1　正文第一部分的第一个三级标题

　　正文文字在此。正文内三级标题的字体、字号与正文文字基本一致。正文文字在此。正文内三级标题的字体、字号与正文文字基本一致。正文文字在此。正文内二级标题的字体、字号与正文文字基本一致。正文文字在此。正文内三级标题的字体、字号与正文文字基本一致。

1.1.2　正文第一部分的第二个三级标题

1.2　正文第一部分的第二个二级标题

2　正文内第二个一级标题

图6-13　自然科学期刊常用的正文标题排版格式

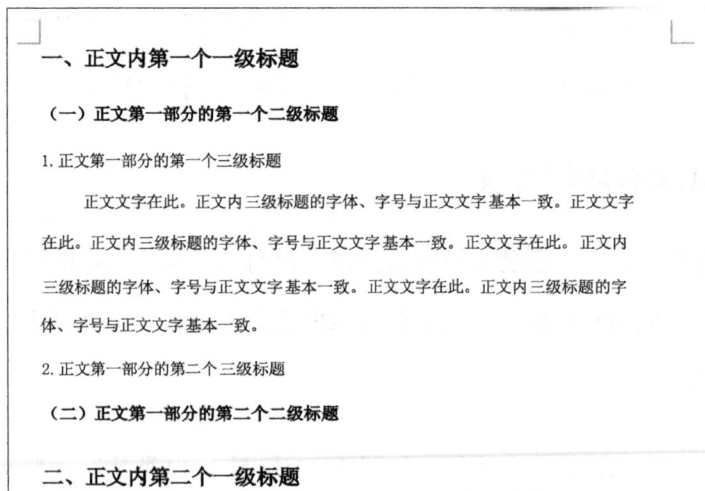

一、正文内第一个一级标题

（一）正文第一部分的第一个二级标题

1.正文第一部分的第一个三级标题

　　正文文字在此。正文内三级标题的字体、字号与正文文字基本一致。正文文字在此。正文内三级标题的字体、字号与正文文字基本一致。正文文字在此。正文内三级标题的字体、字号与正文文字基本一致。正文文字在此。正文内三级标题的字体、字号与正文文字基本一致。

2.正文第一部分的第二个三级标题

（二）正文第一部分的第二个二级标题

二、正文内第二个一级标题

图6-14　人文社会科学期刊常用的正文标题排版格式

具体来说，不同级别的正文标题通常会采用一样的字体，可以与正文字体一样，也可以不一样，但字号会根据标题级别从高到低有所区分。当然了，级别越高的正文标题字号越大，也常常会加粗，以吸引读者的注意力。高级别标题的行间距、段前段后间距往往也会更大。而最低一级正文标题的字号、行间距通常和正文是一样的。

在排版的具体操作中，你可以直接套用 Word 软件自带的标题格式模板，但这些自带的模板可能略夸张，而且更多是英文论文适用的格式，并不适用于中文论文。因此，绝大部分作者会在 Word 软件自带标题格式模板的基础上做一些修改、调整。当然，你也可以采用自己设计的标题格式。

一般来说，正文标题排版常见的问题如下。

● 标题层级混乱，导致编辑、审稿人乃至读者无法快速而准确地了解论文主体结构。这个问题往往与排版时反复套用模板有关，也可能与使用格式刷的时候操作失误有关。

● 所有正文标题采用和正文文字完全一样的格式，导致标题不醒目，淹没在正文当中。

一点提醒： 适度追求"醒目"！

正文标题当然应该醒目，但是，既然是学术论文，"醒目"也要适度。排版时，一定不要使用过分特殊的字体、大到夸张的字号以及看起来不协调的间距来呈现正文标题。学术期刊论文正文标题格式的所谓"醒目"一定是朴素大方的醒目。

二、正文段落的排版

在整篇学术期刊论文中，正文段落是无可置疑的主体，也是版面占比最大的结构元素，因此，正文段落的排版风格将直接影响期刊编辑和审稿人的观感，也会直接影响他们审稿的效率。

正文段落排版的基本要求就是清晰、整齐、方便阅读。通常采用的字体是新宋体、宋体等。通常采用的字号是四号、五号或小五号。1倍的行间距就可以了，1.15倍或1.5倍行间距当然也是很方便阅读的。如果行间距大于1倍，就不太需要特意设置段前和段后间距了。将每一个段落设置成首行缩进2字符，会更符合中文论文的阅读习惯。最后，特别需要注意：整篇论文正文段落的格式要前后完全一致。

一般来说，正文段落排版常见的问题如下。

- 为了追求醒目，正文段落的字号过大、行间距过大，导致全文篇幅过长。这样其实并不能更方便阅读，反而会因为频繁翻页降低阅读效率。
- 为了显得认真，正文段落使用楷体、黑体以及各种似乎更美观的字体。这样的排版如果不是目标期刊要求的，我建议你还是改为常见的更朴素的字体。因为，从日常审读稿件的情况来看，期刊编辑和审稿人还是更偏好普通的、朴素的字体。

三、图片的排版

图片是学术期刊论文中非常常见的元素，其用处之大不需赘言。因为图片排版涉及非常多的细节，学术写作新手往往很难一一顾及，所以你在给图片排版的时候需要格外留意。

学术期刊论文中图片排版的基本要求就是清晰、规范。

具体来说，论文中所使用的图片最好是作者自己直接获取的"一手图"，尽量不要用"二手图"。图片中的每一个重要细节都要清楚呈现。图片像素和尺寸最好符合目标期刊的要求。一般来说，图片大小没有定规，适中即可，宽度不超出页面宽度，长度也不超出页面长度。习惯上，图片大小为页面面积的 $1/8 \sim 1/4$ 是比较合适的。

每幅图片必须搭配序号和标题。一篇论文中的所有图片从"图1"或"图一"开始统一排序，特定图片的序号依据该图片在全文所有图片中的位置来确定。标题必须能够清楚、扼要地描述图片主题。标题和序号之间空一格，不要连续排列。图片、序号和标题都居中，图片在上，序号和标题在下。

学术写作新手特别需要牢牢记住：正文文字中一定要先提及图片序号和内容，然后呈现图片。本书每一章的正文中都用规范的方式插入了很多图片，可以作为你排版时的参考，在此就不再专门举例了。

一般来说，图片排版常见的问题如下。

• 正文文字中不明确提及图片序号和内容，却直接插入了图片，或者先出现图片，再在正文中提及。这两种做法都是不规范的。

• 图片、序号、标题靠左对齐，而非居中。靠左对齐是表格排版的规范做法，但在图片排版时却是不规范的做法。

- 图片不排序号、不加标题。这样非常不方便期刊编辑、审稿人或读者阅读和理解。

一点提醒： 是否用彩色图片？

越来越多的作者在自己撰写的学术期刊论文中使用彩色图片。从信息呈现和阅读的角度来看，彩色图片肯定是优于黑白图片的。但是目前很多学术期刊因为出版成本的关系，还是使用黑白印刷，因此无法采用彩色图片。

投稿时究竟是否可以在论文当中使用彩色图片？建议你一定要看看目标期刊的要求，或者翻一翻目标期刊最新一期的纸刊。

四、表格的排版

在学术期刊论文中，表格似乎比图片更常见，是作者们用来集中呈现数据或信息的重要工具。表格的排版中需注意的细节也非常多，学术写作新手们一定也要多多留意。

和图片排版一样，学术期刊论文中表格排版的基本要求也是清晰、规范。但在具体排版操作细节上，表格和图片不太一样。

一般来说，表格不存在清晰度的问题，直接采用 Word 软件中的表格工具来绘制表格即可。当然，你需要注意使表格大小适中。如果表格的宽度超出页面宽度，可以考虑将表格所在单页设置为横向页面；如果表格的长度超出页面长度，可以断开表格，并在前后连续的两页中分别呈现，然后在后半部分表格开始的位置右侧标记"续表"字样；而如果表格整体实在太大，可以将其设置为附件，放在全文末尾，或者用单独的文档呈现。

表格中文字的字体、行间距等一般和正文保持一致，字号可以比正文略小1号。和图片一样，每个表格也必须搭配序号和标题。表格序号也是依据该表格在全文所有表格中的位置来确定的。表格的标题要清楚、扼要地描述表格主题。标题和序号之间空一格，不要连续排列。

特别要注意的是，表格、序号和标题都要靠左摆放，序号和标题在上，表格在下。学术写作新手特别容易忽略一定要先在正文文字中提及表格序号和内容，再呈现表格。

一般来说，表格排版常见的问题如下。

- 正文文字中不明确提及表格序号和内容，却直接插入了表格，或者先出现表格，再在正文中提及。这两种做法都是不规范的。
- 表格、序号、标题居中，而非靠左。前面我已经介绍过了，在学术论文中，居中呈现是图片排版的规范做法，但在表格排版时却是不规范的做法。
- 表格不排序号、不加标题。这样当然非常不方便期刊编辑、审稿人或读者阅读和理解。
- 有的作者出于美观或者别的考虑，将表格截图后粘贴在正文中，这样的做法既不便于审稿，也不便于录用后正式的编辑加工和排版。

五、正文中参考文献标注的排版

学术期刊论文正文中参考文献标注的排版总体来看与正文其他文字的排版是几乎完全一样的，唯一的差别应该是数字角标标记法中"角标"的排版，以及著者－年代标记法中括号内各种符号的排版。

如果你的论文是用数字角标标记法来标引参考文献的，在正文当中需要用方括号（"[ ]"）括注的阿拉伯数字来标记参考文献，如图6-15所示。此时一定要注意：方括号和数字要置于右上角，置于任何其他位置都是不规范的。

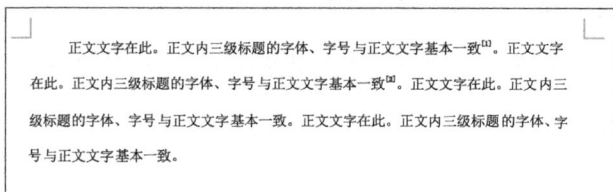

正文文字在此。正文内三级标题的字体、字号与正文文字基本一致[1]。正文文字在此。正文内三级标题的字体、字号与正文文字基本一致[2]。正文文字在此。正文内三级标题的字体、字号与正文文字基本一致。正文文字在此。正文内三级标题的字体、字号与正文文字基本一致。

图6-15　正文中参考文献标注的排版：数字角标标记法

如果你的论文是用著者－年代标记法来标引参考文献的，在正文当中会需要用圆括号（"（ ）"）括注参考文献的著者和年代信息。一般来说，圆括号内标记的著者、年代信息和圆括号都采用与正文文字同样的字号、字体，也有个别期刊要求字号缩小一号。括号中的标点符号可能是中文符号或全角符号，也可能是英文符号或半角符号，这需要看目标期刊的具体规定。目前来看，采用英文符号或半角符号的居多。

正文中参考文献标注的排版还有一个特殊情况需要注意，那就是整段文字的直接引用。在这种情形下，人们往往会使这整段文字单独成段，单独排版，增加段落两端的缩进量，也可以考虑换一种字体或者缩小字号，如图6-16所示。

本章第一节将和你一起分步骤了解并实战练习文献基本功的技能要点。选题基本功、写作基本功的相关内容将在本书后面的章节中逐一提及，因此本章第二节、第四节将扼要讨论这两项基本功与学术期刊文章写作的紧密关系，以及其中值得写作新手关注的技能要点。研究基本功则不是本书主要涉及的内容范畴。很显然，要提升这一项基本功尚需在专门的课程中投入大量精力，本章第三节仅对与学术期刊文章写作关系紧密的研究基本功做简单提示，旨在提醒写作新手对此足够重视。有学者指出[1]：

> "若能熟悉其中各项要点，更进一步地，若能熟练运用其中各种技能、技巧，我们就能高效地写出一篇合规的学术文章。如果疏忽了各项基本功的要点，如果不能熟稔这些技能、技巧，我们未来的学术写作之路免不了坑坑洼洼，事倍功半。"

图 6-16　正文中参考文献标注的排版：整段直接引用

第四节
文后部分的排版

在学术期刊论文中，不论是使用哪一种参考文献标注方法，文后参考文献列表一般只有两种排版方式：带标号的参考文献列表和不带标号的参考文献列表。因此，在这一节，我将主要介绍这两种参考文献列表排版的特点和需要注意的地方。

一、带标号的参考文献列表

带标号的参考文献列表通常与正文中的数字角标标记法配合使用，其标号与论文正文中标引参考文献时插入的标号一一对应。此类参考文献列表的排版可以采用与正文文字同样的字体和字号，但也常常会选择略小一号的字号。每一条参考文献信息通常都设定为悬挂缩进，以突出其首行，方便阅读和查找。参考文献列表的序号多采用方括号来括住阿拉伯数字。由于参考文献列表的排序完全依照正文中引用的顺序，因此，中文文献和外文文献是混合排版的，此时就要特别留意：英文文献信息中的单词和标点符号依然应该采用新罗马体。带标号的参考文献列表的排版样式可参见图6-17。

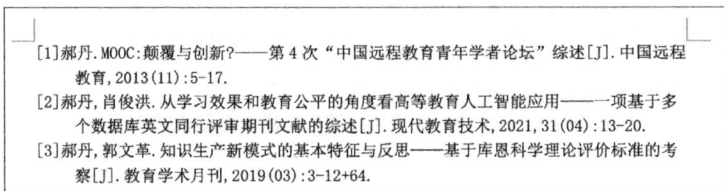

[1]郝丹.MOOC:颠覆与创新?——第4次"中国远程教育青年学者论坛"综述[J].中国远程教育,2013(11):5-17.
[2]郝丹,肖俊洪.从学习效果和教育公平的角度看高等教育人工智能应用——一项基于多个数据库英文同行评审期刊文献的综述[J].现代教育技术,2021,31(04):13-20.
[3]郝丹,郭文革.知识生产新模式的基本特征与反思——基于库恩科学理论评价标准的考察[J].教育学术月刊,2019(03):3-12+64.

图6-17 带标号的参考文献列表排版

一般来说，带标号的参考文献列表排版常见的问题如下。

- 每一条参考文献信息都不使用悬挂缩进，使得整个列表无法清晰呈现每一条文献信息，非常影响阅读体验，也非常不方便期刊编辑、审稿人核对文献信息。

- 列表标号不用方括号，而使用圆括号。由于中文文献信息和英文文献信息中多处会用到圆括号，因此，如果列表序号也使用圆括号，非常影响文献信息的查找效率。

一点提醒: 注意不要连排！

在参考文献条数较多、参考文献列表较长的情况下，排版操作的时候很容易不小心将前后两条参考文献信息首尾连排。尤其是当参考文献列表使用了较小字号的时候，"连排"的情况就更不容易及时发现了。这个问题在带标号和不带标号的参考文献列表排版中都是很常见的。

所以，完成参考文献列表的排版之后，可以试着静下心来，仔仔细细、从头到尾核对一下参考文献列表，避免误操作导致的连排。

二、不带标号的参考文献列表

不带标号的参考文献列表通常与正文中的著者－年代标记法配合使用。和带标号的参考文献列表一样，不带标号的参考文献列表可以采用与正文文字同样的字体和字号，但也常常会选择略小一号的字号，并且每一条参考文献信息都要设定为悬挂缩进，以方便阅读和查找。不带标号的参考文献列表的排版样式可参见图 6-18。

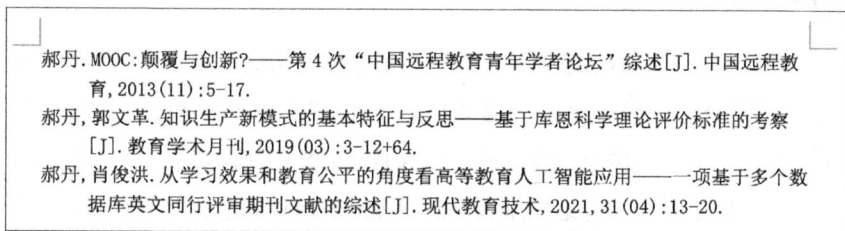

郝丹. MOOC:颠覆与创新?——第 4 次"中国远程教育青年学者论坛"综述[J]. 中国远程教育, 2013(11):5-17.
郝丹, 郭文革. 知识生产新模式的基本特征与反思——基于库恩科学理论评价标准的考察[J]. 教育学术月刊, 2019(03):3-12+64.
郝丹, 肖俊洪. 从学习效果和教育公平的角度看高等教育人工智能应用——一项基于多个数据库英文同行评审期刊文献的综述[J]. 现代教育技术, 2021, 31(04):13-20.

图 6-18　不带标号的参考文献列表排版

不带标号的参考文献列表主要按照著者姓氏排序，因此中文文献和外文文献是分开排列的，孰前孰后要以目标期刊的要求为准。如果暂时还没有目标期刊，建议你将中文文献放在前面，并且注意一点：英文文献信息应该采用新罗马体，而非中文字体。

一般来说，不带标号的参考文献列表排版常见的问题如下。

- 每一条参考文献信息都不使用悬挂缩进。这和带标号的参考文献列表排版的第一个常见问题是一样的。

- 给按著者姓氏排序的参考文献信息加序号。这样的序号其实是毫无用处的，反而容易误导编辑和审稿人，也显得作者不了解相应的学术写作规范。

第七章 学术期刊论文的投稿与审稿

💬 **本章导读**

到此为止，本书已经系统介绍了与学术期刊论文写作密切相关的框架搭建、选题聚焦，以及写作中需要遵循的各项规范，并以文献综述类学术期刊论文为例，一步一步引导你进行了学术期刊论文的写作实战。本书还特别向你仔细讲解了学术期刊论文排版中需要注意的各种问题。接下来，在本书的最后一章中，我要为你介绍学术期刊投稿与审稿的那些事。本章具体内容如图 7-1 所示。

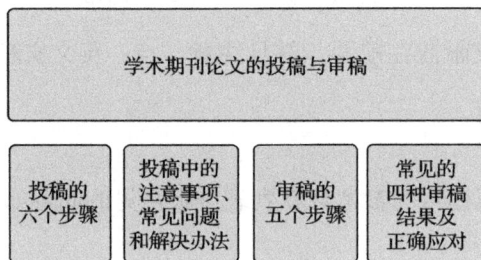

图 7-1　第七章的具体内容

本章主要介绍学术期刊论文投稿的六个步骤；投稿中的各种注意事项、常见问题及可行的解决办法；学术期刊论文审稿的五个步骤；常见的四种审稿结果以及正确的应对操作。毫无疑问，当你完成一篇学术期刊论文的写作之后，需要按照投稿步骤向目标期刊投稿，最后也总要面对至少一种常见的审稿结果。因此，只要你决定将来一定要向学术期刊投稿，就值得花一些时间，详细阅读这一章的内容。

那么，让我们一起努力，争取圆满完成本章的学习任务吧！

本章学习要点 >>

- 了解学术期刊论文投稿的六个步骤。
- 了解学术期刊投稿各步骤的注意事项、常见问题及可行的解决办法。
- 了解学术期刊论文审稿的五个步骤。
- 了解常见的四种审稿结果，掌握应对每一种审稿结果的正确操作。

第一节
学术期刊论文投稿的六个步骤

归结起来，学术期刊论文的投稿通常分六步走，如图 7-2 所示。

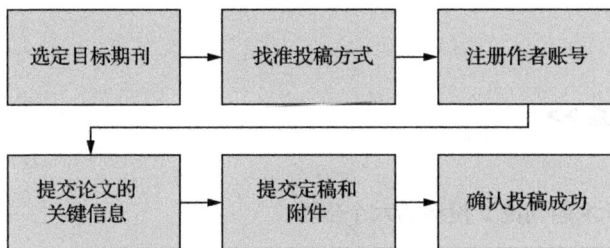

图 7-2　学术期刊论文投稿的六个步骤

一、选定目标期刊

目标期刊的选择需要考虑三个方面：学术期刊的特点，待投稿论文的特点，以及作者个人的相关需求。

学术期刊的特点主要指期刊对主题类别与研究类型的偏好、刊发论文的长度、审稿周期、出版周期，以及很重要的一个特点——期刊级别。

学术期刊对主题类别与研究类型的偏好会决定这家期刊倾向于录用什么样的稿件，以及大概率会拒绝接受什么样的稿件。因此，你选择目标期刊时一定要根据其近两年所刊发的论文认真研判其偏好。

期刊刊发论文的长度体现在其对来稿的字数要求上。如果期刊在《投稿须知》等文档中没有明确提出对来稿字数的要求，你可以查阅期刊最近一年刊发的论文，估算一下其对来稿字数的期待。

一点提醒： 尽量基于目标期刊每期目录中居中和靠后的论文来估算字数！

> 当你需要通过目标期刊新近刊发的论文估算合适的投稿文章字数时，建议你选择每一期目录中居中和靠后的几篇论文去估算。因为很多学术期刊会在每一期目录的头部放上 1～2 篇重磅论文，学术期刊对这些重磅论文鲜有篇幅上的限制，所以最好不要拿这些论文的字数做参考。

期刊审稿周期将决定投稿论文最终获得审稿结论所需的时间长度。期刊往往会在《投稿须知》等文档中说明"4 个月内未反馈即可视为已被退稿"，或者"将于 2 个月内向投稿人明确反馈审稿结论"，此处的时间基本上等同"期刊审稿周期"。并不是每家学术期刊都能在 2～4 个月之内给出终审结论，有的期刊审稿周期可能长达半年甚至一年，因此，投稿之前非常有必要搞清楚目标期刊的审稿周期。

期刊的出版周期或者出版频率，则会直接影响需要等待多长时间，被录用论文才能正式发表。很显然，比起双月刊、季刊，半月刊、月刊的出版周期更短，出版频率更高，因此，半月刊、月刊的已录用论文将会更快得到正式发表。

至于期刊的级别，严格来说应该是学术期刊被不同文献数据库或者评价体系收录的情况。在学术发表领域，根据发表难度，可以从低到高将学术期刊粗略划分为以下三类。

- 公开出版的期刊，即该期刊获得了国家正式颁布的"中国标准连续出版物号"（China standard serial number，CN，俗称"刊号"）。在学术期刊纸刊的封面、封底或版权页上，应该清晰印出该期刊的 CN 号。很多学术期刊也会在其官方网站上的明显位置标识出自己的 CN 号。

- 被中国知网收录的期刊，即该期刊符合中国知网关于"学术期刊"的判断。你只需要登录中国知网，用期刊名称进行"出版物检索"，就能确认目标期刊是否被中国知网收录。

- 被《中文核心期刊要目总览》（俗称"北大核心"）、中文社会科学引文索引来源期刊目录（俗称"南大核心""CSSCI"）或其他文献数据库收录的期刊，即该期刊符合这些评价体系或数据库对"有质量的学术期刊"的判断。翻阅《中文核心期刊要目总览》，登录"中文社会科学引文索引"网站或者其他文献数据库网站，就可以查阅你的目标期刊是否被其收录。

一点提醒： 如何快速找到关于期刊级别的准确信息？

　　选择目标期刊的时候，获得关于期刊级别的准确信息非常重要。如果仅仅用大众化的搜索引擎搜索，其实很难找到你需要的信息。所以，我想建议你尽量选择期刊官方信息来源。比如，在学术期刊官方网站上查找关于期刊级别的信息，在学术期刊的纸刊上寻找相关信息。也可以在与学术期刊官方信息常年保持高度一致的信息来源中查找。比如，登录中国知网的"出版物检索"页面，并在检索栏中输入期刊全名，然后打开该期刊的页面，中国知网会在期刊页面的右上部分，明确给出其被重要评价体系或数据库收录的情况，如图 7-3 所示。

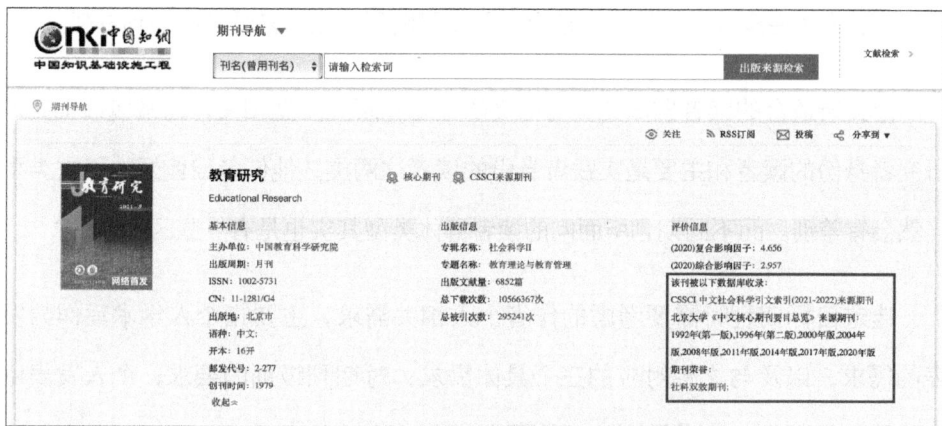

图 7-3　中国知网呈现的学术期刊被收录情况

待投稿论文的特点是指论文的主题类别、研究类型、论文长度、时效性、适合的读者群体。

待投稿论文的主题类别、研究类型应该比较容易理解。论文进行的是理论思辨还是实践探索？论文主题的类别不同，就需要寻找不同的目标期刊。论文采用的是实证研究还是非实证研究？论文所涉研究类型应当尽可能与目标期刊在这方面的偏好保持一致。

论文长度是指论文的正文的字数。5000 字以下的短文，1 万字以上的长文，或者两三万字的超长文，所适合的期刊都是不一样的。

论文的时效性是指论文主题或者论文中采纳的证据，包括案例、样本及相关数据等，会不会因为时间变迁而很快发生变化。以新冠肺炎疫情初期学生在线学习适应性的研究为例。这样的主题在新冠肺炎疫情初期或者新冠肺炎疫情仍在影响社会生活的时期，会容易得到绝大多数教育类期刊的重视，但是，倘若新冠肺炎疫情被人类完全攻克，那么，这个主题就可能不那么容易受某些期刊重视。

论文所适合的读者群体其实与论文的主题和研究类型相关，通常包括主要是研究者身份的读者和主要是实践者身份的读者这两类，他们各自偏好的论文类型当然会有差别。而不同期刊所面向的读者群体类型其实也是有一些区别的。

选定目标期刊时需要考虑的作者个人相关需求，主要指个人学术写作与发表的需求，以及与之相对应的三个具体需求：对期刊级别的要求，个人发表论文的篇数的要求，论文见刊时间的要求。

作者个人学术写作与发表通常是为了分享学术研究成果、促进学术交流，以及与此同时为了毕业、为了评职称、为了课题结题等。作者个人对期刊级别的要求自然需要与期刊本身的相关特征匹配起来；个人希望发表论文的篇数越多，越需要注意目标期刊和论文的匹配度；而个人对论文见刊时间的要求当然与期刊出版周期或出版频率密切相关。

一点提醒：关注相关机构对期刊级别的要求！

> 在此要特别指出的是，不同研究机构、不同课题审批机构等可能会有内部的学术期刊等级类别划分方式。它们对期刊的分类通常会参考前面列出的三大类，但又不完全与之一致。因此，在投稿之前，你需要特别关注这些机构的相关要求。

如果你充分了解了选择目标期刊需要考虑的三个方面，将个人需求、预备投稿论文的特点与期刊的特点匹配起来，应该就不难找到适合自己的目标期刊了。

二、找准投稿方式

为什么如此强调"找准"投稿方式？很显然，只有准确的投稿方式才能帮助你正确完成投稿。但在投稿的这第二步中，恰恰是"准确"二字不易做到。尤其是学术写作新手，往往非常缺乏寻找正确投稿方式的经验，很容易找错投稿门径，不光耽误宝贵时间，还可能将自己的论文泄露给陌生人。

在学习如何找准投稿方式之前，先要了解学术期刊通常为作者提供了哪三种投稿方式。

第一种是投稿平台。目前，越来越多的学术期刊采用了投稿功能和审稿功能合二为一的平台，这类平台既能帮助作者完成投稿并建立作者和编辑部之间的沟通渠道，又能为期刊编辑和审稿人提供技术支持，帮助其方便快捷地完成审稿和联络。由于投稿平台是目前核心期刊使用得最多的投稿方式，因此，本章后面关于投稿步骤的解说也以投稿平台方式为主。

第二种是电子信箱。到现在，依然有一部分学术期刊使用编辑部电子信箱接收作者投稿，个别期刊还会用编辑个人的电子信箱接收投稿。相对投稿平台来说，这种投稿方式操作简单，只需要动动手指发邮件。但是，学术写作新手却更难判断自己找到的电子信箱是否准确了。

第三种是目前极少数学术期刊还在采用的纸稿投稿方式。当然，如果遇到采用这种投稿方式的期刊，你只需要提供打印稿并通过邮寄或快递提交给目标期刊就行了。

了解学术期刊通常提供的投稿方式之后，请和我一起来完成下面三个任务，依次掌握通过纸刊、中国知网和搜索引擎找准投稿方式的具体办法与步骤。

■ **|任务 7-1|** 在纸刊上找找准确的投稿方式吧！

在这个任务中，你首先要找到目标期刊最新的一本纸刊。

（1）请你翻开目标期刊最新出版的纸刊，看一看这本纸刊的版权页。图 7-4 是一本期刊的版权页示意图。

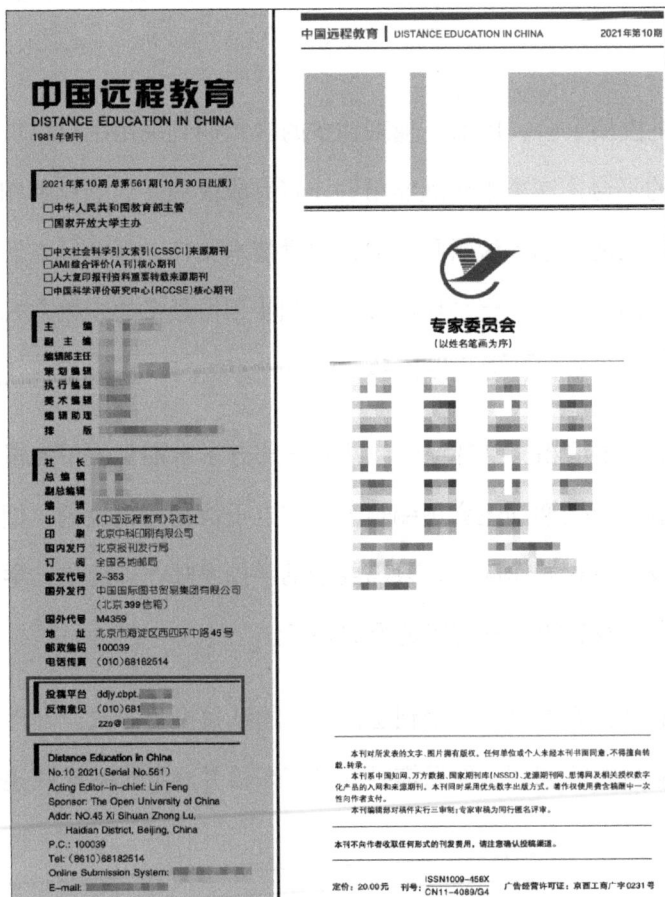

图 7-4 一本学术期刊的版权页示意图

什么是版权页？通常是封面打开后的第一页，或者封底之前的最后一页。其中刊登有该期刊的主管主办单位、机构人员组成、出版发行印刷机构、联系方式等信息。

（2）请你在期刊的版权页上仔细寻找该期刊给出的联络方式，其中通常会包括投稿方式。图 7-4 里方框中的内容就是作为示例的学术期刊在其版权页中给出的投稿方式，放大后如图 7-5 所示。

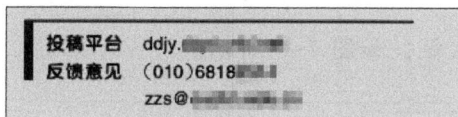

图 7-5　一本学术期刊版权页中给出的投稿方式

（3）如果你手里这本纸刊的版权页中没有给出投稿方式，那么，请你仔细阅读这本期刊的封面、封二、封三、封底以及目录页，在这些页面当中，通常至少有一处会列出关于投稿方式的说明文字。

一点提醒： 注意区分用于投稿和仅用于沟通的电子信箱！

你经常能在学术期刊纸刊的版权页、封面、封二、封三、封底或目录页中看到期刊公布的电子信箱。但是，千万不要把任何电子信箱都当作投稿方式。就如图 7-5 所示，其中给出的电子信箱显然就不是供作者投稿用的。

请牢记：除非期刊在电子信箱前面明确注明"投稿方式"或"投稿信箱"等字样，请一定不要主观认定其公布的电子信箱就是投稿方式。

|任务 7-2| 在中国知网上找一找准确的投稿方式吧！

为了完成这个任务，你需要先打开中国知网的主页。

（1）请注意，中国知网主页上半部分的检索框右侧有两个按钮——"高级检索"和"出版物检索"，如图7-6所示。

图7-6　中国知网的检索框

（2）单击"出版物检索"按钮，在打开的页面上部，有"出版来源导航"字样和出版来源检索框，如图7-7所示。

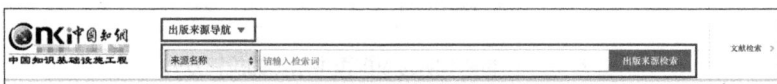

图7-7　出版物检索页面的检索框

（3）在检索框中输入目标期刊名称，就能找到目标期刊在中国知网上的页面，如图7-8所示。

图7-8　目标期刊在中国知网上的页面示例

（4）请注意图7-8所示页面中方框标记的位置，这是一个"投稿"按钮。单击这个按钮，打开目标期刊在中国知网的投稿平台，如图7-9所示。

图7-9　目标期刊在中国知网的投稿平台

（5）在目标期刊投稿平台的左侧，有"作者投稿系统"按钮，如图7-9中方框所标记的内容。单击这个按钮，打开图7-10所示的投稿平台。请注意，供作者注册新账号的按钮在下方，我也用方框给你标记出来了。单击这个"注册"按钮，按照平台的引导，你就可以注册账号并投稿了。

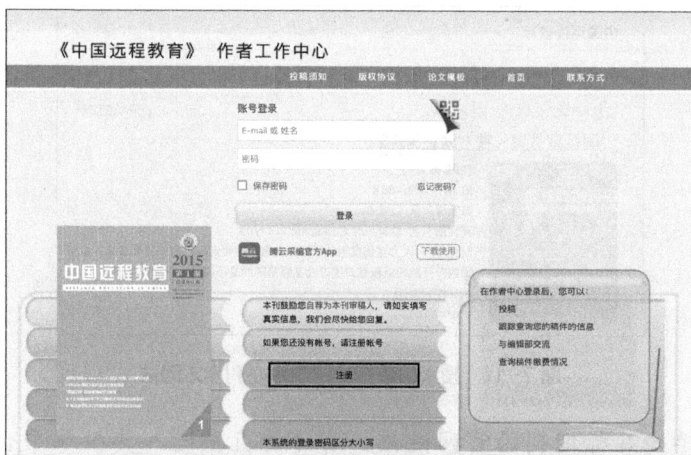

图7-10　目标期刊投稿平台示例

（6）如果目标期刊没有在中国知网开通投稿平台，也不要气馁，你可以继续完成下一个任务，利用搜索引擎找准投稿方式。

■ |任务 7-3| 在搜索引擎上也能找到准确的投稿方式吗？

如果你手头没有目标期刊的纸刊，或者你的目标期刊没有在纸刊上公布投稿方式，也没有在中国知网开通投稿平台，那么，你可以通过搜索引擎来寻找准确的投稿方式。

（1）选择你常用的搜索引擎，在搜索框里输入目标期刊的名称，按回车键。

（2）在搜索结果页面，筛选出目标期刊的官网。一般来说，搜索引擎（如"百度"）会给这样的网址标记上"官方"字样（见图 7-11），或者将其放在搜索结果的第一位。

图 7-11 搜索引擎标记的学术期刊官方网站

（3）单击目标期刊的官网链接，有可能直接进入其投稿平台，也有可能只会进入期刊官网的主页，但是官网一定不会忘记公布投稿方式的。

一点提醒： 学术期刊的投稿方式通常是唯一的！

学术期刊为了减少稿件处理的疏漏，通常只会提供唯一的投稿方式。同时使用多种投稿方式的学术期刊极其少见。因此，你一定要尽力找到学术期刊官方规定的唯一投稿途径。采用这一唯一投稿方式完成投稿之后，就不需要再换一种方式投稿了。

学术期刊经常会遇到作者在投稿平台完成投稿后，又通过电子信箱再投稿一次的情况。这其实完全没有必要，仅仅是增加了期刊编辑部的工作量。所以，建议你不要这样做。

三、注册作者账号

在图 7-10 的目标期刊投稿平台示例中，我为你用方框标记出了"注册"按钮。单击这个按钮，就可以完成作者账号的注册。

注册过程中，需要你提供的信息通常包括姓名、学历、职称、工作单位、地址、电话号码、电子信箱等。也会有很多学术期刊要求作者填写个人研究方向、开放研究者与贡献者身份识别码（Open Researcher and Contributor ID，ORCID）。此时填写的个人研究方向最好能与所投稿件相关，而 ORCID 提前在相应网站上申请注册就行。

一点提醒： 联系方式要准确、稳定！

在注册作者账号时使用的联系方式必须是你自己常用的联系方式。你所提供的电话号码需要是你最常用的座机号码或者手机号码。你所提供的电子信箱首选你最常用的信箱。如果你像很多作者那样，为了投稿，注册了专门的电子信箱，就请一定在投稿后定时查看邮件。

在填写联系方式时，一定要谨慎、细致，不要填错电话号码和电子信箱，否则将直接影响编辑部和你的沟通，而且后面可能很难修改。

四、提交论文的关键信息

注册完作者账号后，用所注册的账号和密码登录投稿平台，就可以提交论文的关键信息了。一般来说，投稿时需要提交的论文关键信息包括：中文标题和英文标题，中文摘要和英文摘要，中文关键词和英文关键词，论文相关的项目课题信息。

很多学术期刊会要求你在这个步骤中专门提交全部作者的信息并标记通讯作者。有的学术期刊还会要求作者填写或选择文章研究主题所属研究领域或适合的期刊栏目。以上所有关键信息只需要按照目标期刊的要求，在平台上逐一填写或选择即可。注意信息要准确，并且与定稿中的对应信息完全一致。

一点提醒： 标记通讯作者要谨慎！

很多投稿平台会提供"标记通讯作者"的功能，通常是在每一条作者信息之后设置一个单选框，供投稿人选择。在需要标记通讯作者的情况下，请一定不要遗漏。

在此有一点值得你注意：标记完通讯作者之后，很多投稿平台（如中国知网上的投稿平台）会把期刊编辑发给作者的任何邮件都直接发到通讯作者的电子信箱里，而不会同时发到第一作者的电子信箱里，因此，后期查询编辑部反馈信息的时候，请到通讯作者的电子信箱里去找邮件。

五、提交定稿和附件

现在，你可以在投稿平台上提交定稿和与定稿相关的附件了。

定稿的文档格式通常是 Word 软件支持的文档，以".doc"或".docx"为文件扩展名。如果担心文档传送过程中出现图表格式方面的问题，也可以同时提供一份 PDF 文档。但是，如果目标期刊没有明确要求，投稿时不能只提供 PDF 文档。

一点提醒： 定稿的文字复制比要低于 10%！

> 学术期刊对稿件的文字复制比是有要求的，这一点在本书前面的章节中已经向你介绍过。通常，学术期刊会要求稿件的文字复制比不高于 10%。因此，你在投稿前还需要估测一下定稿的文字复制比，确保其在 10% 以下。

关于定稿论文的排版格式，有的学术期刊要求格式合乎该期刊预先提出的各项规定，有的学术期刊只要求合乎一般学术论文的样式。如果你的目标期刊是前一类期刊，请一定按照规定完成排版；如果你的目标期刊是后一类期刊，你只需要按照本书第六章的内容完成排版即可。

与定稿相关的附件是指有助于期刊编辑和审稿人更准确地了解论文质量、更高效地完成审稿的那些文档，常见的是论文中用到的图片、表格。一般的图表是不需要单独作为附件提供的。作为附件提供的图表大多比较复杂，并且不宜占用太多正文篇幅去高精度完整呈现，但若不完整提供又可能令审稿人不能准确了解相关内容。此外，论文中涉及的调查问卷、调查结果的原始数据、访谈结果、质性研究的编码过程文档等，都是有助于审稿人准确了解论文质量的，因此也都值得作为附件提供。

前面，我向你介绍了如何注册作者账号。注册过程中作者经常需要提交各种信息。那么在这个步骤中，提交定稿时，是不是就可以不附上作者信息呢？

建议你严格参照目标期刊对定稿内容的要求来呈现作者信息。有的学术期刊要求作者提交的定稿严格匿名，不要透露任何个人信息，但是也有学术期刊要求定稿中附带完整的作者信息，不可遗漏。

六、确认投稿成功

这是整个投稿流程中必不可少的最后一步，但恰恰又是学术写作新手经常忽略的一步。

在作者提交完定稿后，期刊的投稿平台通常都会向作者发送一封电子邮件，表示确实收到投稿，并在邮件中说明所接收投稿的标题、平台编号，经常还会附上投稿平台的网址，方便作者后续登录。只有看到这封确认邮件，才可以认定自己投稿成功。如果投稿完毕一两天后还是没有看到确认邮件，请你或者直接重新投稿，或者联系学术期刊编辑部，咨询一下是否需要重新投稿。

前面已经提醒过你：很多学术期刊从投稿平台发送的确认邮件会发到通讯作者的电子信箱。但是登录投稿平台完成投稿的人往往是第一作者。

所以，如果你是执行投稿操作的第一作者，并且第一时间没有收到投稿平台发出的确认邮件，也不必着急联系期刊编辑部，先去通讯作者的电子信箱查找确认邮件吧。

第二节
投稿中的注意事项、常见问题和解决办法

在这一节当中，我要为你总结学术期刊论文投稿前后需要注意的六个事项，以及容易出现的六个常见问题，并和你一起讨论这些问题的解决办法。希望你在将来实际投稿时能完全规避这些事项或问题，顺利完成每一次投稿。

一、投稿中的六个注意事项

建议你在整个投稿过程中注意以下六个事项。

第一个注意事项：如果有可能，提前估测文字复制比，确保在 10% 以下。尽可能不要因为文字复制比超标而被目标期刊退稿或退回修改——前者是浪费审稿机会，后者则是浪费了时间，拖长了审稿周期。

第二个注意事项：从投稿之日算起，2～4 个月没有收到学术期刊编辑部的任何回复，就可以自行处理，比如改投其他期刊。但是，具体需要等待多长时间，一定要注意各家期刊的规定。如果到了期刊规定的时间点，你还没有收到任何录用、修改或退稿的通知，也建议你最好直接向期刊确认，拿到明确退

稿通知之后，再改投其他期刊。

第三个注意事项： 初次审稿流程通常需要 1 ～ 4 个月。但是，这个时间长度究竟是多长，要参照各家期刊的具体规定。

第四个注意事项： 从投稿到录用，一般需要 1 ～ 3 次甚至更多次完整的审稿流程，耗时可能长达半年到一年。对此，你需要有足够的心理准备。

第五个注意事项： 投稿完毕之后，注意适度、适时地跟踪审稿进度。建议你每周登录投稿平台或者投稿信箱两次，尽可能及时收到期刊给你的在线留言或电子邮件，不要错过任何重要通知。

第六个注意事项： 切忌一稿多投，绝不可一稿多发。这是完全不符合学术规范的做法，会造成学术不端的严重后果。万一出现这样的情况，相关作者很可能被所涉期刊或同一领域的更多家期刊注意到，很有可能严重影响将来的投稿，甚至严重累及个人学术声誉。

二、投稿中的六个常见问题及解决办法

接下来，我要试着总结投稿中的六个常见问题，并和你一起逐一讨论可行的解决办法。

1. 常见问题之一，目标期刊不合适

待投稿文章与目标期刊可能会在研究主题、研究类型、论文类型、语言风格、论文篇幅等各个方面不匹配。此外，作者对审稿节奏和见刊速度的期望与目标

期刊的实际情况之间也可能不同。目标期刊不合适，轻则拖长审稿时间，重则影响审稿结果，非常不利于优秀学术论文及时与更多研究者见面。

对此，有两个解决办法。具体如下。

如果待投稿论文与目标期刊仅仅是在语言风格、论文篇幅方面不够契合，或者作者对审稿节奏和见刊速度的期望与目标期刊实际情况略有差异，作者不妨考虑试着对论文做一些调整，或者对自己的期望值做一些调整。

如果待投稿论文在研究主题、研究类型、论文类型等方面与目标期刊的要求不契合，或者作者对审稿节奏和见刊速度的期望与目标期刊实际情况完全不契合，那最好换一家更合适的目标期刊。学术期刊是很难接收与自身要求或风格完全不契合的论文的。因此，遇到目标期刊不合适的问题，你最好尽快改换更合适的目标期刊，勉强投稿只会白白浪费时间。

2. 常见问题之二，找错投稿方式

没有找到目标期刊正确的投稿方式也是一个常见问题，通常表现为：明明是要搜索目标期刊的官网或者投稿平台，却误入莫名其妙的、看似"李逵"实则"李鬼"的网站。也有一些作者误用了目标期刊多年前曾经使用的投稿方式，这种情况的出现往往是因为目标期刊曾经使用电子信箱接收投稿，但近年来已经开通投稿平台接收投稿。找错投稿方式不光会影响审稿效率，拖后发表时间，更糟糕的是论文有可能被泄露给陌生人。

对此，解决办法只有一个，用本章前面介绍的正确方法来寻找可靠的投稿方式。

3. 常见问题之三，论文已处在审稿过程中，作者的联系方式突然有变

这种情况是投稿之后要尽可能避免的，因为在投稿平台上注册时填写的电话号码、电子信箱往往很难更改。

遇到这个问题，解决办法要视审稿进度而定。

如果投稿刚刚完成、审稿尚未开始，或者审稿流程刚刚开始、尚未进入外审阶段，建议你直接撤稿，用最新的联系方式重新注册账号后再投稿。

如果审稿已经进行到中段或者接近结束，建议你直接联系学术期刊编辑部，了解编辑部认可的解决方法。通常，学术期刊编辑部会要求你提供证据，证明你就是论文的通讯作者或者第一作者，然后才能允许你修改电话号码或电子信箱。这样的证据可能是你所在工作单位或所就读学校开具的身份证明。

4. 常见问题之四，定稿格式不符合要求

投给目标期刊的定稿论文没有遵循目标期刊的格式要求，或者没有遵循学术界公认的格式要求，这实在是期刊编辑们审稿时经常遇到的情况。出现这样的问题，主要还是因为作者对此不够重视。但是，你一定要意识到：格式不符合要求的问题并不是个小问题！因为这很可能会耽误审稿进度，甚至导致审稿流程进行不到内容方面的审读就被提前退稿，白白浪费一次审稿机会。

对此的解决方法只有一个：严格按照目标期刊要求的格式或学术界公认的格式对你的论文进行排版。

5. 常见问题之五，定稿中作者信息的处理不符合要求

本章前面已经说过，有的学术期刊明确要求初投稿件中不要透露任何作者信息，但也有学术期刊要求初投稿件中附上完整的作者信息。但是，在实际的审稿过程中，期刊编辑们却经常看到初投稿件并没有按要求呈现作者信息。这可能导致三种结果：最轻的结果是论文被退回修改，白白耽误时间；稍严重的结果是影响期刊编辑部和作者沟通的效率，因为编辑不能迅速找到作者联系方式，无法及时传递修改或录用的信息；最严重的结果就是直接被退稿。

对此的解决方法也只有一个：严格按照目标期刊的要求，去掉或完整呈现作者信息。

6. 常见问题之六，未确认投稿成功并且实际上投稿确实未成功

大多数情况下，只要按照投稿平台要求的步骤操作完毕，投稿都会成功。但是，现实当中，由于很多学术期刊采用的是自建或者第三方提供的免费投稿平台，并且没有足够的技术力量去维护平台运行，因此，偶尔会遇到投稿操作看似成功但实际上并未成功的情况。如果作者以为投稿完毕，耐心等了 2 ~ 4 个月后却未收到任何反馈，此时咨询期刊编辑部才发现投稿并未成功，那耽误的时间就太可惜了吧？

一般来说，看到投稿平台发送的投稿成功确认邮件，就说明投稿已经成功。如果没有看到这样的邮件，不妨重新投稿一次，或者通过电话或邮件联系期刊编辑部，直接咨询投稿是否已经成功了。

第二节
学术期刊论文审稿的五个步骤

不同的学术期刊可能会遵循不同的审稿流程，其中包含不尽相同的审稿环节。但是，归结起来，学术期刊论文必须要经历的审稿环节包括初筛、一审、外审、二审、三审，如图 7-12 所示。外审环节有可能设置在一审之前或之后，视期刊要求一审环节和外审环节分别实现的功用而定。请注意：因为较多期刊会将外审环节设置在一审之后，因此，本节介绍审稿步骤时，也把外审环节放在一审环节之后了。

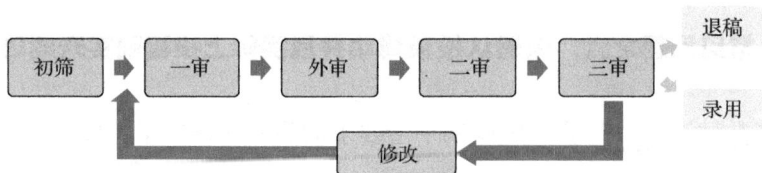

图 7-12　学术期刊审稿环节

一、初筛

初筛环节通常由学术期刊的编辑来完成。这一环节可以决定每一篇稿件能否进入审稿流程，并且这一环节是可以直接退稿的。初筛环节被退稿的论文通常不会收到任何涉及内容的审稿意见。为什么会这样？原因只有一个：这个环节可能是整个审稿流程中退稿数量最多的环节，期刊编辑们实在很难为每篇被退稿论文撰写详细意见。

初筛环节通常要完成的审稿任务包括：

- 确定稿件的文字复制比是否合规，一般学术期刊要求文字复制比不高于 10%；
- 初步判断论文主题是否大致在期刊圈定的范围之内；
- 初步判断论文在风格、篇幅等方面，是否符合期刊要求。

一点提醒： 努力争取闯过初筛关！

不要小看初筛这个环节，毕竟大多数投稿到学术期刊的论文都在这一关"牺牲"了。既然了解了初筛环节一般要执行的审稿任务，那就记得在写作的时候规范引用、严格控制文字复制比，并且慎重选择合适的目标期刊，让自己的论文能顺利闯过初筛这一关！

二、一审

一审环节通常由论文的责任编辑来完成，主要负责从学术期刊编辑的角度对文章做出整体评判。这个环节也是可以直接退稿的，而且退稿的比例依然是非常高的。一审环节会得出一个关于审稿结论的建议，并为可以进入下一个审稿环节的论文提供较详细的审稿建议，但是不一定能给所有在此环节退稿的论文一份完整而审慎的退稿意见。

一审环节通常要完成的审稿任务包括：

- 再次确认论文的文字复制比是否合格；
- 对论文选题的学术价值与实践价值进行专业评判；

- 对论文所涉及的研究规范进行初步评判；
- 对论文各个组成部分的写作质量进行初步评判；
- 从编辑角度全面评判论文是否符合各项写作规范。

三、外审

有无同行评议功能是学术界用以评判学术期刊质量的重要标准之一，而审稿流程中的外审环节实际执行的就是这个"同行评议"功能。外审环节通常由相关领域的 1 ～ 3 位研究者来完成，他们当然也是这个领域颇有经验的学术写作者，必须已经具备丰富的学术研究经验和学术发表经验。因此，大多数学术期刊会在外审环节完成对论文学术质量的整体把关，并且，后续审稿也会非常尊重外审专家给出的意见——没错，在这个环节，每一位外审专家都应慎重给出足够详细的审稿意见，并得出一个审稿结论。

外审环节通常要完成的审稿任务包括：

- 全面判断论文选题的学术价值与实践价值；
- 细致判断论文所涉研究的设计、实施、发现、结论、反思等每一个部分是否科学、严谨、合规；
- 细致判断论文的结构是否合规。

四、二审

二审环节通常由期刊编辑部中较有经验的编辑来完成。在学术期刊的整个审稿流程中，二审环节具有高于一审和外审的权限。在这个环节中，编辑需要站在栏目甚至期刊整体的层面去评判一篇论文，最终给出详细的审稿意见和一个审稿结论。这个审稿结论与一审、外审给出的审稿结论不一定完全一致，并且其优先级高于一审与外审环节的审稿结论。

二审环节通常要完成的审稿任务包括：

- 对一审意见和外审意见的综合评判与补充；
- 结合期刊定位，评判论文选题的发表价值；
- 再次评判论文所涉研究的总体质量；
- 补充评判论文是否符合各项写作规范；
- 根据期刊近来聚焦的选题范畴，初步判断论文是否有足够的采纳价值。

五、三审

一般来说，三审是学术期刊整个审稿流程中的最后一个环节，也是权限最高的环节。这一环节通常由期刊编辑部中非常有工作经验并且有一定话语权的人来负责完成，比如学术期刊主编、副主编、编辑部主任等，他们是学术期刊质量的"把关人"。三审环节主要是做判断，能够给出的审稿意见可能会比较简略，但是给出的审稿结论一定是最终审稿结论。

三审环节通常要完成的审稿任务包括：

- 对一审、外审、二审环节提出的审稿意见进行最终评判；
- 对论文的学术价值、实践价值、发表价值进行整体上的把关和评判；
- 根据期刊近来聚焦的选题范畴，最终判断论文是否有足够的采纳价值；

- 给出最终审稿结论，其中包括是否录用、是否值得修改以及如何修改等。

第四节
常见的四种审稿结果及正确应对

当你在目标期刊完成投稿后，经过一段时间的等待，通常可能会面对四种审稿结果：直接录用、改后可发表、改后重审、退稿。下面，我打算为你详细介绍如何正确应对这四种审稿结果，特别是其中的注意事项。

一、直接录用

如果结束审稿流程后，你得到的是"直接录用"的结果，那么，必须恭喜你！要知道，在核心期刊每年给出的数百份乃至上千份审稿结果中，"直接录用"是占比最小的审稿结果。在投稿难度最大的双核心期刊中，直接录用的论文在全部投稿中的占比不会高于 1%。

论文被直接录用后，作者需要完成以下这些操作。

- 按期刊要求规整全文版式，特别要注意各级标题、摘要、关键词、图片、表格、参考文献的格式与结构符合学术写作的规范与期刊的文稿规范。
- 核对重要信息，特别是作者信息、课题项目信息。
- 即使没有收到任何修改建议，也可以对论文内容做少量修改，主要是字句的梳理、内容呈现的细节等方面。

- 按照期刊编辑部确定的途径，及时返回完善后的最终定稿。建议你同时提供修订模式下的定稿和接受全部修订的定稿。

- 向期刊编辑部提供你的邮寄或快递地址，方便期刊赠送样刊。如果需要额外购买样刊，也可以向编辑部说明情况，并咨询购买途径。

- 向作者支付稿酬的学术期刊还会需要第一作者或通讯作者提供相关信息。

- 最终的定稿提交完毕之后，你可以向期刊编辑部申请一份纸质的或电子版的录用通知。至于获取录用通知的方式，你可以通过电子邮件或电话直接向期刊编辑部询问。

- 待期刊将你的论文发布到网络数据库之后，建议你定期登录数据库网站，关注一下论文的反响数据，作为你继续开展相关研究和写作的参考。

一点提醒： 注意关键信息的核对！

在通知作者提交最终的定稿时，学术期刊通常会向作者强调：此次提交的关键信息不再允许修改。因此，请你在准备这一份定稿的时候，一定参照期刊的要求，仔细核对包括作者信息、课题项目信息在内的各种关键信息，千万不要出现任何差错！

二、改后可发表

如果结束审稿流程后，你得到的是"改后可发表"的结果，同样值得恭喜！要知道，大部分核心期刊的来稿录用率不会高于 5%。

学术期刊在向作者反馈"改后可发表"的审稿结果时，通常会附上一份详细的修改建议。因此，此时作者需要完成以下这些操作。

- 认真、谨慎地应对修改建议，逐条思考。虽然多数情况下，"改后可发表"的论文的修改建议比较少，大多是不触及筋骨的建议，修改起来比较轻松，但是请你一定不要敷衍应付。

- 认真撰写修改说明，针对每一条修改建议做出有理有据的回应，说明自己是如何修改的或为何没有修改。撰写修改说明时，请一定态度谦逊、用词平和。

- 按期刊要求规整全文版式，特别要注意各级标题、摘要、关键词、图片、表格、参考文献的格式与结构符合学术写作的规范与期刊的文稿规范。

- 核对重要信息，特别是作者信息、课题项目信息。

- 按照期刊编辑部确定的途径，及时返回三个文档：修订模式下的修改稿，接受全部修订的修改稿，以及修改说明。

一点提醒： 尽量不做涉及核心内容的大幅度修改！

　　学术期刊之所以得出"改后可发表"的审稿结论，当然是因为：经过完整的审稿流程，这篇论文总体得到了各位审稿人的认可，不存在需要做较大改动的地方。换句话说，论文的选题、研究设计、研究结论都已经符合学术期刊的要求。那么，即使你有了新的想法、新的发现，也不可以对论文的核心内容做出大幅度修改，尤其是研究方法、研究数据、研究发现、研究结论等部分，最好保持原样。否则，你提交的修改稿可能会被学术期刊编辑认定为与原投稿论文有重大差异，因此被直接退稿，至少也会被要求重新投稿，再经历一次完整的审稿流程。

　　所以，在没有绝对的必要性的情况下，不要对"改后可发表"的论文做任何涉及核心内容的大幅度修改！

三、改后重审

这是非常常见的审稿结论。不过，在核心期刊的来稿中，能得到"改后重审"这一审稿结论的论文所占的比例不会超过 10%。

学术期刊在向作者反馈"改后重审"的审稿结果时，一定会附上一份详细的修改建议。因此，此时作者需要完成以下这些操作。

- 认真、谨慎地应对修改建议，逐条思考。尽最大可能做出针对性修改，尽量不要考虑解释并拒绝修改，除非你已经是论文所涉研究领域的资深研究者，并可提供确凿的证据和相关资料，足以说服各位审稿人。

- 认真撰写修改说明，针对每一条修改建议做出有理有据的回应，说明自己是如何修改的。撰写修改说明时，务必态度谦虚、用词平和。

- 按照期刊编辑部确定的途径，及时返回修订模式下的修改稿、接受全部修订的修改稿以及修改说明。

一点提醒： 如果需要较长的修改时间，一定要及时与期刊编辑沟通！

每一家学术期刊都会限定作者的修改时间，通常是一个星期到一个月不等。超出限定的时间，学术期刊可能会默认作者放弃修改，进而直接做退稿处理。

所以，如果你拿到修改建议后，因为种种原因无法按期完成修改，但又不想放弃这篇论文，正确的操作应该是：尽快与学术期刊编辑沟通，说明自己面临的特殊情况，试着申请延后提交修改稿。

四、退稿

如果收到的审稿结论是"退稿"，其实也不必格外沮丧。毕竟，一本学术期刊通常要向超过 90% 的来稿发出"退稿"的结论。而且，毫不夸张地说，每一位学术写作者都会经历无数次退稿。

学术期刊在向作者反馈"退稿"的审稿结论时，不一定会附上详细的修改建议，原因同前所述：被退稿的论文实在是太多了。那么，此时作者还需要进行什么操作吗？

如果你希望在学术发表的路上走得更远，我强烈建议你，万一收到了"退稿"的结论，不妨在平复心情之后，尽量完成以下这些操作。

- 如果在收到"退稿"结论的同时还收到了学术期刊反馈的修改建议，那么不妨参照这份修改建议，对你的论文做一次修改，尽可能提高论文质量，提升自己的学术写作水平。
- 如果在收到"退稿"结论的同时并未收到学术期刊反馈的修改建议，那么可以试着通过电子邮件或者电话咨询学术期刊编辑，尝试获得一份修改建议，并基于此去修改论文、提升自己。
- 在实际的审稿当中，我发现，一家学术期刊不中意的论文，也许另外一家学术期刊会感兴趣。所以，你不妨在修改完毕后，换一家目标期刊再投稿试试。如果你确信自己是认真写完这篇论文的，那就不要轻易放弃！